KB212511

들어서 복된 말
전해서 복된 말

김동희 지음

엘맨
하나님의 사람을 만들어 가는 ELMAN

들어서 복된 말 전해서 복된 말

초판1쇄 2019년 9월 25일

지은이 김동희
펴낸이 채주희
펴낸곳 엘맨출판사
등록번호 제13-1562호(1985.10.29.)
등록된곳 서울시 마포구 신수동 448-6
전화 (02)323-4060,6401-7004
팩스 (02)323-6416
이메일 elman1985@hanmail.net
www.elman.kr
ISBN 978-89-5515-654-6   03230

값 13,800 원

들어서 복된 말
전해서 복된 말

김동희 지음

엘맨
하나님의 사람을 만들어 가는 ELMAN

들어가는 말

하나님께서 천지만물을 지으셨습니다.

사람도 하나님께서 지으셨습니다. 그런데 하나님께서 사람은 다른 피조물과 다르게 지으셨습니다. 사람은 다른 피조물과는 달리 하나님의 형상을 따라 지으셨고, 영혼을 불어 넣어 지으셨으며, 말로 소통하며 살도록 지으셨습니다.

그래서 사람의 말에는 능력이 있습니다. 힘이 있습니다. 살리는 힘도 있고 죽이는 힘도 있습니다. 그래서 누구나 말을 잘하면 잘한 그 말 때문에 좋은 일이 생기지만, 말을 잘못하면 잘못 말한 그 말 때문에 어려움을 당하기도 합니다.

가정에서 말 때문에 가족 간에 위로를 받기도 하지만 상처를 받기도 합니다. 교회에서 말 때문에 교인들이 힘을 얻기도 하지만 시험에 들기도 합니다. 말 때문에 죽을 사람이 살기도 하고, 말 때문에 흥할 사람이 망하는 일도 생깁니다. 그래서 사람은 어떤 말을 듣고 살며, 어떤 말을 하고 사느냐에 따라 운명이 달라질 수 있습니다.

그러므로 우리는 말을 할 때 조심해야 합니다. 그러나 습관적으로 말을 함부로 하는 사람들이 있습니다. 조심 없는 말로 상대방에게 자주 상처를 주는 사람들이 있습니다. 조심 없이 내뱉은 말을 거둬들일 수 없어 자신이 한 말 때문에 큰 어려움을 당하는 사람들도 있습니다.

예수님을 믿어 구원 받은 성도들은 특히 말을 가려서 하려고 해야 합니다. 주변 사람이 들어서 은혜로운 말을 하려고 해야 합니다. 교회에 유익이 되는 말을 하려고 해야 합니다. 하나님께서 들으시고 영광을 받으실 말을 하려고 해야 합니다. 그렇지 않은 말은 하지 않아야 합니다. 남에게 들어도 그런 말은 전하지 않으려고 해야 합니다.

우리가 힘써야 할 말은 들어서 복된 말, 전해서 복된 말입니다.

그런 말이 어떤 말일까요?
이제 커피 한 잔 앞에 두고 그런 말을 함께 나눠보시지요!

지은이 김동희

목차

- *Part 1* -

언어의 능력

1장
믿음의 말을 하세요

2장
축복의 말을 하세요

3장
긍정의 말을 하세요

4장
살리는 말을 하세요

5장
은혜로운 말을 하세요

6장
순종하는 말을 하세요

1장

믿음의 말을 하세요

예수께서 그 아버지에게 물으시되 언제부터 이렇게 되었느냐 하시니
이르되 어릴 때부터니이다 귀신이 그를 죽이려고 불과 물에 자주
던졌나이다 그러나 무엇을 하실 수 있거든 우리를 불쌍히 여기사
도와 주옵소서 예수께서 이르시되 할 수 있거든이 무슨 말이냐 믿는
자에게는 능히 하지 못할 일이 없느니라 하시니 곧 그 아이의 아버지가
소리를 질러 이르되 내가 믿나이다 나의 믿음 없는 것을 도와 주소서
하더라 예수께서 무리가 달려와 모이는 것을 보시고 그 더러운 귀신을
꾸짖어 이르시되 말 못하고 못 듣는 귀신아 내가 네게 명하노니
그 아이에게서 나오고 다시 들어가지 말라 하시매 귀신이 소리 지르며
아이로 심히 경련을 일으키게 하고 나가니 그 아이가 죽은 것 같이
되어 많은 사람이 말하기를 죽었다 하나 예수께서 그 손을 잡아
일으키시니 이에 일어서니라 (막 9:21-27)

1장 |
믿음의 말을 하세요

이 세상만물은 하나님께서 지으셨습니다.

우리 사람도 하나님께서 지으셨습니다. 그래서 이 세상 모든 것은 다 피조물입니다. 그런데 같은 피조물이라도 사람이 다른 피조물과 다른 점 세 가지가 있습니다. 첫째, 사람은 하나님의 형상을 따라 지음을 받았다는 것이고 둘째, 사람은 영혼을 가졌다는 것이고 셋째, 사람에게만 말을 할 수 있는 언어의 능력을 주셨다는 것입니다.

그래서 짐승들을 보면 소리는 질러도 언어를 사용할 줄 모릅니다. 말씀으로 세상만물을 지으신 하나님께서 하나님의 형상을 따라 지음을 받은 사람에게만 말하는 능력, 언어 사용의 능력을 주신 것입니다. 그래서 우리가 지금 이렇게 언어를 자유롭게 사용하며 살고 있는 겁니다. 이것도 하나님께 감사해야 할 줄 믿습니다.

이런 하나님의 은혜로 언어를 사용하며 살아온 우리 조상들이 우리에게 전해준 아주 귀한 속담들이 있습니다.

말이 (씨)가 된다.

말 한 마디에 (천 냥 빚)도 갚는다.

가는 말이 고와야 오는 말이 곱다.

가루는 칠수록 고와지고 말은 할수록 거칠어진다.

여러분들도 잘 아시는 속담들입니다. 우리가 아는 이런 속담들을 잘 새겨 보면 그 속에 우리 조상들이 오랜 세월동안 경험하며 체득한 말에 대한 몇 가지 진리들이 담겨져 있습니다. 그것은 말에 영향력이 있다는 것이고, 말에 능력이 있다는 것이고, 말이 상대방의 마음을 움직인다는 것입니다.

그러기 때문에 우리가 말을 할 때 조심해서 해야 합니다. 말을 잘하면 잘한 그 말 때문에 좋은 일이 생깁니다. 말을 잘못하면 잘못 말한 그 말 때문에 어려움을 당합니다. 말 때문에 죽을 사람이 살기도 하고, 살 수 있었던 사람이 죽기도 합니다. 어떤 말을 듣고 어떤 말을 하고 사느냐에 따라 그 사람의 운명이 달라집니다.

말을 어떻게 하느냐가 이렇게 중요한데도 불구하고 우리들은 말을 조심 없이 할 때가 많습니다. 그래서 남에게 상처를 주기도 하고, 자신도 후회하기도 하고, 한 번 내뱉은 말을 거둬들일 수 없어 뱉은 말 때문에 큰 어려움을 당하기도 합니다. 그러기 때문에 우리가 말을 해도 잘 해야 할 줄 믿습니다.

그럼 어떻게 말하는 것이 말을 잘하는 것일까요?

오늘 본문은 여러분께서 익히 잘 아시는 말씀인데요. 한 아버지와 그의 아들이 등장합니다. 그 아이는 아마 중2-3학년 정도 되는 나이의 청소년이었습니다. 그러니 한참 발랄하게 자라야 할 꿈 많은 아이이지요. 그래서 그의 아버지도 이 아들이 건강하고 훌륭하게 자라기를 기대하며 키웠을 것입니다.

그런데 이 아이에게 뜻밖의 일이 일어납니다. 어느 날 이 아이가 갑자기 쓰러지더니 땅에 구르며 입에 거품을 흘리며 정신을 잃는 거예요. 귀신이 들어간 겁니다. 그래서 이 아이가 물을 보면 물가에 쓰러지고 불을 보면 불 가운데에도 쓰러집니다.

이 아이의 삶을 완전히 망가뜨리는 이런 안타까운 모습을 보던 아버지가 자식을 고쳐보려고 백방으로 알아봅니다. 좋다는 약은 사다 먹여보고 용하다는 의원도 찾아가 치료도 받습니다. 그러나 이상하게도 좋다는 약을 써 보아도 낫지 않고 용하다는 의원을 찾아가 치료를 받아도 아무 효험이 없습니다. 그러던 중 이 아버지가 예수님에 대한 소문을 듣습니다. 그래서 그 아들을 데리고 예수님을 찾아갑니다.

"예수님! 제 아들이 본래는 멀쩡한 아이였는데 어느 날부터 갑자기 쓰러지고 쓰러지면 입에 거품을 흘리며 정신을 놓아버립니다. 사람노릇을 못합니다. 예수님의 제자들도 이 아이를 고치지 못하는데 예수님! 하실 수 있거든 예수님께서 제 아이를 고쳐 주세요" 간절하게 매달립니다.

그때 예수님께서 어떻게 하셨습니까? 25절부터 27절의 말씀처럼 그 아이 속에 있던 귀신을 꾸짖어 쫓아내 주셨습니다. 그리고 그 아이를 정상적인 아이로 고쳐주셨습니다. 할렐루야! 그런데 바로 여기에 이 시간 여러분과 나누고 싶은 아주 중요한 비밀이 하나 숨어 있습니다. 그것은 예수님께서 그 아이의 문제를 해결해 주시기 전에 그 아버지에게 먼저 하신 일이 있었다는 것입니다.

그 일이 무엇이었습니까? 예수님께서 그 아들의 병을 고쳐주시기 전에 그 아버지의 말부터 고쳐주셨습니다. 무엇을 먼저 고쳐주셨다고요? 그 아버지의 말부터 고쳐주셨습니다. 그 아버지가 예수님께 와서 처음 한 말이 어떠했습니까? "무엇을 하실 수 있거든 우리를 불쌍히 여기사 도와 주옵소서"라고 했습니다.

무슨 말입니까? 이 아이의 아버지는 예수님에 관한 소문을 듣기는 들었어도 예수님이 자기 아들을 고쳐주실 분이라는 것을 완전히 믿지는 못했었습니다. 그래서 그가 말하기를 "예수님! 무엇을 하실 수 있거든 우리를 불쌍히 여기사 도와 주소서"라고 한 것입니다.

예수님의 능력을 믿은 것이 아니라 반신반의하는 마음으로 그렇게 말한 것이지요. 이런 반신반의하는 말로는 예수님의 능력을 경험할 수 없습니다. 반신반의하는 말로는 문제를 해결받을 수 없습니다. 의심하는 말로는 복을 절대로 받을 수 없습니다. 그래서 예수님께서는 아이 아버지의 잘못된 말을 지적하시면서 "할 수 있거든이 무슨 말이냐 믿는 자에게는 능히 하지 못할 일이 없느니라"고 하시며 아이의 문제를 해결하고 싶거든 네 말부터 고치라고 하신 것입니다. 그러자 이 아버지가 곧 바로 자신의 잘못된 언어를 고칩니다. 어떻게 고치지요?

"내가 믿나이다 나의 믿음 없는 것을 도와 주소서"

믿음 없는 말을 믿음의 말로 고친 겁니다. 의심의 말을 믿음의 말로 고친 겁니다. 그러고 나니까 예수님의 능력이 그의 아들에게 나타나 해결하지 못한 자식의 문제가 해결된 것입니다. 할렐루야! 이것이 말의 능력입니다. 이것이 언어의 능력입니다.

"1년 1독 할 수 있을까? 안 될 걸!" 그러는 사람은 시작도 하기 전에 이미 못하는 길로 들어서는 겁니다. "3명 전도 1명 결실! 말대로 되기만 하면 좋지 그러나 안 될 걸!" 그러는 사람은 그 사람의 말대로 못합니다. 말이 씨가 되는 겁니다. "기도한다고 이루어질까? 하나님께서 내 기도 들어주실까? 밑져봐야 본전이니까 한 번 해보자고!" 말을 이렇게 안 되는 쪽으로 하고 못하는 쪽으로 하면 될 일도 안 됩니다. "할 수 있다. 하면 된다. 해보자!" 그러니까 우리교회 건축도 하고 헌당도 했습니다.

　　믿음의 말은 믿음대로 되고 말대로 된다는 것을 믿으시길 소원합니다. 믿음의 말을 해보세요. 여러분의 믿음의 말대로 될 줄 믿습니다. 믿음의 말은 선포할 때 능력이 나타나기 때문입니다. 말의 능력이 얼마나 큰가를 밝혀주는 말씀 한 구절을 소개하겠습니다. 민 14:27-30입니다.

> 나를 원망하는 이 악한 회중에게 내가 어느 때까지 참으랴
> 이스라엘 자손이 나를 향하여 원망하는 바
> 그 원망하는 말을 내가 들었노라
> 그들에게 이르기를 여호와의 말씀에 내 삶을 두고 맹세하노라
> 너희 말이 내 귀에 들린 대로 내가 너희에게 행하리니
> 너희 시체가 이 광야에 엎드러질 것이라

　　여기서 우리가 주의해야 할 말씀은 "너희 말이 내 귀에 들린 대로 행하리라"는 말씀입니다. "너희 말이 내 귀에 들린 대로 행하리라" 이 말씀은 대단히 중요한 말씀이고 무서운 말씀입니다.

　　우리 속담에 말이 씨가 된다는 말처럼 각자의 인생은 자기 말대로 됩니다. 평소 무슨 말을 하느냐에 따라 그 운명이 달라집니다. 누에는 자기 입에서 나오는 실로 고치를 짓고 그 안에 살듯이 사람도 자기 입에서 나오는 말로 자기 운명을 만들어가며 사는 것입니다.

잠 18:21에도 보면

> 죽고 사는 것이 혀의 힘에 달렸나니 혀를 쓰기 좋아하는 자는 혀의
> 열매를 먹으리라

무슨 말씀입니까? 죽고 사는 것이 혀에 달렸다는 겁니다. 그러므로 복된 삶, 성공적인 삶을 살려면 말을 복되게 해야 하는 것입니다. 좋은 말을 하고 선한 말을 해야 성공적인 삶을 살 수 있습니다. 할렐루야!

미국에서 목회를 가장 크게 하는 목사님이 레이크우드 교회를 담임하고 있는 조엘 오스틴 목사님입니다. 어떤 사람들은 대형교회 목회자를 비판합니다만 제 생각으로 규모가 작은 목회를 하는 분들에게도 배울 점이 있지만 규모가 큰 목회를 하는 분들에게 배울 점은 더 많다고 봅니다.

조엘 오스틴 목사님에게 배울 점은 그가 가진 "긍정의 힘"에 대한 생각입니다. 이분의 생각이 책으로도 출판되었지요? 여러분들도 그 책을 읽은 분들이 있을 것입니다. 그 책의 내용이 너무 인본적이라고 비판하는 사람들도 있습니다만 그 내용을 정리하면 이렇습니다.

> 범사에 감사하며 하나님이 나와 함께 하심을 믿고
> 항상 긍정적으로 말하고 긍정적으로 행동하라.
> 그러면 삶 속에 하나님의 능력이 나타난다.

이것이 긍정의 힘입니다. 이런 긍정의 힘에 대해서 "탈무드"에서는 이런 말을 합니다.

승자가 자주 쓰는 말은 '다시 한 번 해보자'이고
패자가 자주 쓰는 말은 '해 봐야 별 수 없다'이다.

또 링컨은 이런 말을 했습니다.

사람은 행복하기로 마음먹은 만큼 행복하다.

긍정의 힘을 강조하는 말들입니다. 지금 미국 대선 레이스가 진
행 중이지요? 요즈음 대선에 도전하겠다고 나선 후보들 중에 단연 주
목 받는 후보가 있습니다. 여러분! 그 사람 누군지 아세요? 언론을 통
해 여러 차례 보도된 미국 공화당 대선 후보 중에 막말을 쏟아내 화재
가 되고 있는 트럼프를 생각하시는 분이 계실텐데 그 분은 아닙니다.
"벤 카슨"이라는 후보입니다. 그는 불우한 환경에서 자랐습니다.
그의 어머니는 흑인이었고 초등학교 3학년밖에 다닌 적이 없는 배움이
깊지 못한 여인이었습니다. 그의 어머니는 처자식이 있는 남자에게 속
아서 결혼했습니다. 아들을 낳은 후 그 사실을 알고 이 여인은 이혼하
게 됩니다. 그래서 홀로 아들을 키우게 되는데 무식하고 가난한 여인
이 속아 결혼해서 낳은 아들을 홀로 키운다는 것은 무척 어려웠습니다.
늦게까지 일을 해야 했습니다. 아이를 돌볼 겨를이 없었습니다. 그러
니 아이가 정상적인 공부를 할 수 없었지요. 학교 성적이 바닥입니다.
　그러던 중 그의 어머니가 교회 나가기 시작했습니다. 교회에서 믿
음의 언어를 듣게 되었습니다. 생명의 언어를 듣기 시작했습니다. 창조
적인 언어를 듣기 시작했습니다. 중요한 것은 그의 어머니가 교회에서
배운 대로 아들에게 축복하기 시작합니다. "카슨아 너는 잘 될 사람이
야. 하나님이 너를 사랑하신단다. 하나님이 너를 축복하신다. 그러니

너는 크게 생각해라" 자꾸 축복해줍니다. "너는 크게 될 사람이니 책을 읽어야 한다. 너 책을 읽으면 용돈을 더 줄게. 선물도 주고."

카슨이 책을 읽기 시작합니다. 더듬더듬 읽다가 잘 읽게 됩니다. 책 읽는 재미를 느끼기 시작합니다. 주변에서 빌려서 읽기 시작합니다. 주변에서 책을 빌릴 수 없게 되자 도서관에 가서 빌려 읽습니다. 어린 흑인 소년이 책을 자꾸 빌려가는 것을 본 도서관 사서가 기특하게 여기고 책을 골라주기 시작합니다. 독서 지도를 시작합니다.

그러던 중 어느 날 학교에서 선생님이 학생들에게 질문합니다. "흙의 요소가 무엇인지 아는 사람?" 아무도 손을 들지 않는데 카슨이 손을 번쩍 듭니다. 그러자 반 아이들이 까르르 웃습니다. 그도 그럴 것이 반에서 이 아이의 별명이 바보 멍청이였기 때문입니다. 선생님의 질문에 엉뚱한 대답만 하니까 아이들이 멍청이라는 별명을 붙여준 겁니다.

그런데 카슨이 선생님의 질문에 너무 대답을 잘합니다. 선생님이 박수를 쳐줍니다. 반 아이들도 박수를 쳐줍니다. 처음으로 칭찬 받은 박수를 받은 겁니다. 꼴찌 하던 아이가 어머니로부터 창조적인 믿음의 말을 들으면서 변하기 시작합니다.

이 카슨은 나중에 예일대학에 합격하여 의대를 다닙니다. 소아외과 의사가 되어 샴쌍둥이를 최초 분리하는 수술을 성공하게 됩니다. 이 사람이 이번 미국 대통령 공화당 후보로 나선 벤 카슨(Ben Carson)입니다.

인종 차별이 있는 불우한 환경에서 가장 불행한 환경에서 자란 아이가 엄마의 창조적인 믿음의 언어 때문에 이런 인물이 된 것입니다. 어머니의 믿음의 말, 긍정의 말이 오늘날 카슨이 있게 한 것입니다.

그런데 오늘날 우리 사회는 어떻습니까? 폭력적인 언어가 너무 많습니다. 폭력적이고 비인격적이고 음란하고 잔인하고, 야비하고 저속

한 말들이 판을 치고 있습니다. 나쁜 언어가 우리 사회에 너무 많습니다. 우리나라가 더 복된 나라로 변하려면 이런 언어를 고쳐야 합니다. 치유되어야 합니다.

예수님을 믿는 우리부터 언어 사용에 본이 되어야 합니다. 교회에서 좋은 말을 해야 합니다. 교회에서 어려운 일이 생기면 말부터 잘 해야 합니다. "우리 함께 합시다. 우리 잘 할 수 있습니다. 해봅시다." 그럴 때 말대로 무엇이 됩니다. 무슨 문제 앞에 "글쎄요? 될까요? 안 될 텐데요. 어렵습니다. 못합니다." 그러면 될 일도 안 됩니다.

"우리교회는 더 좋아질 줄 믿습니다."
"우리교회는 더 부흥할 줄 믿습니다."
"우리교회 주일학교는 더 잘 될 줄 믿습니다."

여러분은 잘 될 줄 믿습니다. 여러분의 자녀는 큰 인물 될 줄 믿습니다. 할렐루야!

오늘날 사람들이 모였다 하면 "안 된다"는 말들을 쏟아냅니다. "사업이 안 돼요. 장사가 안 됩니다. 살기 힘들어요. 못살겠어요." 상황이 그럴 수 있습니다. 현실이 그럴 수 있습니다. 그러면 언제는 어렵지 않았나요? 지금도 어렵지만 전에도 어려웠습니다. 앞으로도 어려울 것입니다. 그렇다고 어렵다는 말에 묶여 살면 안 됩니다. 어렵지만 우리는 믿음 안에서 된다는 말을 해야 합니다. 시대가 어렵지만 우리교회는 부흥한다고 말을 해야 합니다.

이런 창조적인 언어, 믿음의 언어를 사용할 때 어려워도 되는 겁니다. 되는 말을 하면 상황이 되는 쪽으로 바뀌집니다. 되는 말을 하면 되는 아이디어가 생각이 납니다. 좋은 말을 하는 곳에 좋은 사람이 모입니다. 나쁜 말을 하는 곳에 나쁜 사람들이 모입니다. 부정적인 말을 하는 곳에 부정적인 사람들이 모입니다.

할 수 있거든이 무슨 말이냐
믿는 자에게는 능히 하지 못할 일이 없느니라!

예수님의 말씀처럼 믿음 안에서는 아무리 어려운 환경 속에서도 할 수 있습니다. 이런 창조적인 믿음의 말, 긍정의 말을 하다가 하나님께서 그 말에 기름 부어 축복해 주심으로 하나님께서 이루어주시는 새로운 복을 맛보는 여러분 되시길 주님의 이름으로 축원합니다.

2장

축복의 말을 하세요

마지막으로 말하노니 너희가 다 마음을 같이하여 동정하며
형제를 사랑하며 불쌍히 여기며 겸손하며 악을 악으로, 욕을 욕으로
갚지 말고 도리어 복을 빌라 이를 위하여 너희가 부르심을 받았으니
이는 복을 이어받게 하려 하심이라 그러므로 생명을 사랑하고
좋은 날 보기를 원하는 자는 혀를 금하여 악한 말을 그치며
그 입술로 거짓을 말하지 말고 악에서 떠나 선을 행하고 화평을
구하며 그것을 따르라 (벧전 3:8-11)

2장 |
축복의 말을 하세요

사람마다 간절하게 바라는 소원들이 있습니다.
사람마다 바라는 소원들이 다 다르지만 그 소원들을 다 모아 한 글자로 표현한다면 그것은 복입니다. 사람마다 바라는 소원은 달라도 그 소원들의 공통점은 복을 받는 것입니다. 여러분 중에 혹시 나는 복 받기가 싫다는 분들이 계신가요? 그러는 분은 아무도 안 계실 것입니다. 여러분의 소원대로 금년에 다 복을 받기를 소원합니다.

그런데 왜 우리가 이렇게 다들 복 받기를 원할까요? 돈이 없어서 그럴까요? 아닙니다. 돈이 아무리 많은 사람도 복 받기를 원합니다. 명예가 없고 권세가 없어서 복 받기를 원할까요? 아닙니다. 남부럽지 않는 권세가 있고 명예가 있는 사람도 복 받기를 원합니다. 왜 그러지요? 욕심 때문일까요? 이기심 때문일까요? 그것은 사람이 가지고 있어야 할 가장 중요한 것을 잃어버렸기 때문입니다.

하나님께서 사람을 지으실 때 다른 짐승과는 다르게 사람에게만 주신 것이 있었습니다. 그것은 하나님의 형상이라는 것입니다. 사람이 이 하나님의 형상을 가지고 살 때 사람답게 살 수 있고 행복할 수 있습니다. 하나님의 형상이야말로 사람을 사람되게 하는 행복조건입니다.

그런데 사람이 죄를 지음으로 말미암아 그 하나님의 형상을 잃어버린 겁니다. 사람으로서 간직하고 있어야 할 가장 중요한 것을 상실한 거예요. 그러니까 사람이 허전한 겁니다. 음식을 많이 먹어도 허전하고, 돈을 많이 가져보아도 공허하고, 재미있다는 일을 해보아도 돌아서면 만족함이 없는 겁니다.

그래서 사람이 복 받고자 하는 것이 개인의 욕심 때문이 아니고 이기심 때문이 아니라 상실한 것을 찾고자 하는 몸부림인 것입니다. 그러기 때문에 복을 받고자 하는 마음을 욕심이라고 생각하거나 이기적인 생각이라고 생각하지 말고 사람으로서 정상적인 소원이이라는 것을 인정해야 합니다.

그리고 소원하는 복을 받으려고 해야 합니다. 그러면 우리가 바라는 복을 받으려면 어떻게 해야 할까요? 우리가 바라는 복을 받으려면 사람이 어쩌다가 복을 잃어버렸는가를 알아야 합니다. 앞서 잠깐 말씀드린 바와 같이 하나님께서 주신 복을 사람이 잃어버린 것은 사람이 죄를 지었기 때문입니다. 사람이 죄를 지음으로 복을 잃어버렸다면 죄 문제를 해결하기만 하면 잃어버린 복을 찾을 수 있게 될 줄 믿습니다. 죄의 문제를 해결하면 잃어버린 복을 찾을 수 있습니다.

그러면 사람이 어떻게 해야 죄의 문제를 해결할 수 있을까요? 사람의 힘으로 죄의 문제를 해결할 수 없습니다. 사람의 노력으로 죄의 문제를 해결할 수 없습니다. 그래서 우리가 스스로 해결할 수 없는 죄 문제를 해결해 주시려고 하나님께서 죄 없으신 예수님을 이 세상에 보내시고 사람의 죄를 다 짊어지시고 죄인을 대신해서 죽으심으로 사람의 죄 값을 치러주신 것입니다.

그러기 때문에 이제는 누구든지 예수님을 믿기만 하면 이미 죄 값을 대신 치러주신 예수님의 그 은혜로 죄는 용서 받게 되고 잃어버린 하나님의 형상을 되찾게 되는 것입니다. 그러면 우리는 어떻습니까? 우리도 이런 하나님의 죄 해결 방법에 따라 예수님을 믿어 죄 용서를 받았고 잃어버린 하나님의 형상을 회복하게 되었습니다. 할렐루야!

그렇다면 우리가 예수님을 믿어 죄 용서를 받았고 잃어버린 하나님의 형상을 찾았으니 이제 더 이상 복을 받지 않아도 되나요? 아니면 더 복을 받아야 하나요? 더 복을 받아야 합니다. 받은 복에 복을 더 받아야 합니다. 할렐루야!

왜냐하면 하나님의 형상을 회복한 우리들이 이 땅에 사는 동안 해야 할 사명이 있기 때문입니다. 믿음의 가정을 지키면서 하나님의 교회에서 충성해야 하고 믿음의 자녀도 잘 양육해서 차세대 우리교회 일꾼으로 키워야 하고 전도도 해야 하고 하나님께서 우리의 가슴에 담아주신 멋진 꿈들을 이루기 위해서 우리는 복을 더 많이 받아야 합니다. 할렐루야!

그럼 우리가 어떻게 해야 받은 복에 더 많은 복을 받을 수 있을까요? 벧전 3:9을 보시기 바랍니다.

악을 악으로, 욕을 욕으로 갚지 말고
도리어 복을 빌라 이를 위하여 너희가 부르심을 받았으니
이는 복을 이어받게 하려 하심이라

악으로 악을 갚지 말라. 욕을 욕으로 갚지 말라. 무슨 말입니까? 옆에 사람이 악담한다고 같이 악담하지 말라. 욕한다고 같이 욕하지 말

라. 때린다고 같이 때리지 말라. 손해를 입혔다고 해서 같이 손해를 입히지 말라. 저주한다고 같이 저주하지 말라. 그럼 어떻게 하라고요?

도리어 복을 빌라

저주하는 사람에게 복 받으라고 축복해주라는 거예요. 악담하는 사람에게 복을 빌어주고 욕하는 사람에게 축복해주라는 겁니다. 이렇게 하기가 쉬워요? 어려워요? 어렵습니다. 그래도 그렇게 해야 하는 이유가 있습니다. 그것이 무엇일까요?

악을 악으로, 욕을 욕으로 갚지 말고 도리어 복을 빌라
이를 위하여 너희가 부르심을 받았으니(벧전 3:9)

우리는 이를 위하여 부름을 받았기 때문이라는 것입니다. 이를 위하여 무엇을 하셨다구요? 우리는 악담하고 욕하고 저주하는 사람들에게 축복해주며 살라고 하나님의 자녀로 삼아주셨다는 말입니다. "나는 축복의 통로로 부름을 받은 사람이다. 복을 빌어주며 사는 것이 나의 사명이다. 나는 축복의 통로이다."라고 고백하시기를 바랍니다. 그러면 우리가 누구를 축복하며 살아야 할까요?

믿음으로 이삭은 장차 있을 일에 대하여
야곱과 에서에게 축복하였으며(히 11:20)

이 말씀을 통해 우리가 깨달아야 할 것이 있습니다. 첫째, 부모는 자식에게 축복해주어야 한다는 것입니다. 둘째. 하나님께서는 부모에

게 자식 축복권을 주셨다는 것 입니다. 부모에게 무슨 권한을 주셨다고요? 자식 축복권입니다. "하나님께서는 부모된 나에게 자식 축복권을 주셨다. 나에게 하나님께서 주신 자녀 축복권이 있다."라고 믿으시기를 바랍니다.

자녀 축복권이 있으면 어떻게 해야 합니까? 가지고 있기만 하면 됩니까? 가지고 있기만 하면 아무 소용이 없습니다. 하나님께서 자녀 축복권을 주셨으면 자녀에게 축복을 해야 합니다. 말로 축복해주어야 합니다. 기도로 축복해주어야 합니다. 그러면 하나님께서 여러분의 축복의 말을 들으시고 여러분의 자녀들에게 여러분이 축복한 그 축복이 이루어지게 해주십니다. 여러분이 자녀들을 붙잡고 축복해주면 하나님께서 여러분이 자녀들에게 축복하는 기도소리를 들으시고 여러분의 자녀들에게 그 축복을 내려주십니다. 그래서 이삭은 야곱에게 축복을 해준 것입니다.

그렇다면 여러분은 지금까지 자녀에게 몇 번이나 축복을 해주었습니까? 못하셨습니까? 왜 못하셨습니까? 몰라서 못했을 수 있습니다. 알면서도 자녀에게 축복하지 못했다면 왜 못했다고 생각하십니까? 축복권을 사용하기가 아까워서 사용하지 않습니까? 축복권은 한장 밖에 없는 입장권과는 다릅니다. 하나님께서 여러분에게 주신 자녀 축복권은 사용한다고 없어지는 것이 아닙니다.

성도 여러분! 이삭처럼 여러분의 자식을 안고 축복기도 해주시기 바랍니다. 예수님께서 어린 아이들을 안고 축복해 주신 것처럼 여러분도 자녀들을 축복해주시길 바랍니다. 그러면 하나님께서 이삭의 기도를 들으시고 그 아들 야곱을 축복해 주셨듯이 여러분의 자녀들에게도 여러분의 축복기도대로 복을 부어 주실 줄 믿습니다. 창 27:4에 보면 이삭이 아들에게 축복하기 전에 한 일이 나옵니다.

내가 즐기는 별미를 만들어 내게로 가져와서 먹게 하여
내가 죽기 전에 내 마음껏 네게 축복하게 하라

별미를 만들어 가지고 와서 내가 너에게 마음껏 축복하게 하라는 것입니다. 이삭이 아들에게 축복하기 전에 왜 이렇게 하였을까요? 복은 하나님께서 주시지만 하나님은 복을 주셔도 복을 받을 준비가 되어 있는 사람에게 주시기 때문입니다. 그래서 이삭은 아들에게 축복하기 전에 먼저 사냥을 해서 별미를 만들어 오라고 시킨 겁니다. 이삭이 고기 먹고 싶어서 그런 것이 아니예요. 아들이 들에 나가 짐승을 사냥하는 것도 고생스런 일이고 짐승 잡아다 요리를 하는 것도 쉬운 일이 아닌 것을 알면서도 그렇게 하라고 한 것은 축복받는 것이 얼마나 귀한 것인가를 알고 축복 받을 준비를 해야 축복을 받을 수 있기 때문입니다.

우리가 은혜를 받는 것도 마찬가지입니다. 은혜를 받으려면 내가 은혜 받을 준비를 해야 합니다. 축복을 받으려면 축복 받을 준비를 해야 합니다. 잠 8:17에도 보면 이런 말씀이 있습니다.

나를 사랑하는 자들이 나의 사랑을 입으며
나를 간절히 찾는 자가 나를 만날 것이니라

무슨 말씀입니까? 우리가 하나님의 사랑을 받으려면 우리도 하나님을 사랑해야 하며 내가 하나님께 응답을 받으려면 내가 기도를 해야 한다는 것입니다. 그러기 때문에 우리 자녀들이 축복을 받으며 살게 하려면 첫째, 복은 세상에서 받는 것이 아니고 하나님께서 주신다는 것을 평소에 가르쳐야 하고 둘째, 하나님은 집에서는 부모님의 기도를 통해 복을 주시고 셋째, 교회에서는 목사님의 설교 말씀과 축복기도를 통해서 복을 주신다는 것을 평소에 가르쳐야 합니다. 그래야 그 자녀가 자라면서 어려운 일이 생기면 부모님께 기도 해달라고 기도 부탁을 하고 교회에 출석하여 설교 말씀을 듣고 축복기도를 받으며 믿음의 사람으로 살아가는 것입니다.

그래서 평소 가정 예배가 중요하고, 평소 주일학교 예배에 출석하게 하는 것이 중요하고, 평소에 예배 시간에 출석해서 설교 말씀을 듣는 것이 중요한 것입니다. 자녀 잘 되기를 원하시는 성도 여러분! 이삭처럼 여러분의 자녀들을 축복하며 키우시길 소원합니다. 그러면 어떻게 축복하며 키워야 할까요? 창 27:27을 보시기 바랍니다.

> 그가 가까이 가서 그에게 입맞추니 아버지가 그의 옷의
> 향취를 맡고 그에게 축복하여 이르되 내 아들의 향취는
> 여호와께서 복 주신 밭의 향취로다

여러분! 이삭의 품에 안긴 야곱의 몸에서 어떤 냄새가 났을 것 같습니까? 목욕을 제대로 했겠어요? 무슨 향수를 뿌렸겠어요? 야곱의 몸에서 나는 냄새는 땀 냄새, 총각 냄새로 별로 좋은 냄새는 아니었을 것입니다. 그런데도 이삭은 뭐라고 말합니까? '내 아들의 향취는 여호와께서 복 주신 밭의 향취로다'라고 말합니다. 무슨 말입니까? 아들에게 하는 아버지의 말이 최고로 좋은 말을 하더라는 것입니다. 자녀가 복을 받으려면 부모님의 입에서 나오는 말이 복된 말이 나와야 합니다.

그런데 제가 어릴 적 동네 어른들의 말을 뒤돌아보면 듣기에도 정말 섬뜩한 말, 저주스런 말들이 많았던 것 같습니다. 바보 같은 놈, 멍청한 놈, 미련 한 놈, 미친 놈, 호랑이 물려갈 놈, 나가 뒤질 놈, 벼락 맞을 놈, 오살할 놈. 이런 말을 누가 누구에게 했습니까? 저의 부모님은 그

러지 않았습니다만 개념 없이 자식을 키우는 부모들 중에 자기 자식들에게 이런 악담을 하고 이런 저주스런 말을 퍼부으며 키우는 부모들이 있더라고요. 우리 민족이 고난 많은 역사 속에 가슴에 맺힌 한이 많아 그런 한을 무의식 중에 악한 말로 쏟아내었다고 생각합니다.

그런데 문제는 가장 사랑하고 축복해주어야 할 부모가 자기 자식에게 이런 무서운 저주를 아무 생각 없이 쏟아 내니 말이 씨가 된다고 그 말대로 자식들이 저주를 받아 불행하게 되더라는 것입니다. 그러는 중에도 간혹 자식들이 잘 되는 집안이 있습니다. 그런 집안을 살펴보면 그런 집에도 그럴만한 이유가 있습니다. 그것이 무엇인지 아세요? 그런 집을 보면 부모가 아이들 붙잡고 코 풀어줄 때 말을 잘 했어요. "흥해 흥해 더 크게 흥 흥해"

매일 할머니가 손자를 붙잡고 흥하라고 하고, 매일 어머니가 딸을 붙잡고 머리에 안수까지 하면서 "흥해 흥해 더 크게 흥 흥해"라고 축복하니까 그런 집 자식들은 그 말대로 흥해서 잘 된 겁니다.

말이 씨가 됩니다

말이 능력이 있는 줄 믿습니다. 그래서 우리 예수님을 믿는 사람들은 특히 자식들에게 말을 잘해야 합니다. 무의식중에라도 저주스런 쌍스런 말을 절대 하지 않아야 합니다. 정 화가 나서 혼내려거든 "이 잘 될 놈아! 이 큰 일 할 놈아"라고 하면서 혼내세요. 혼날 짓을 해서 혼나면서도 그런 말을 들으며 자란 아이는 말대로 잘 되고 큰 일 하는 인물로 성장하게 될 줄 믿습니다. 자녀들에게 복을 빌어주는 믿음의 부모님들 되시길 주님의 이름으로 축원합니다.

그리고 성도들이 복을 받는 방법이 있습니다. 그것이 무엇인지

민 6:27을 보시기 바랍니다.

그들은 이같이 내 이름으로 이스라엘 자손에게 축복할지니
내가 그들에게 복을 주리라

하나님의 사자는 하나님의 사람들에게 축복을 해주고 하나님의 사람들은 하나님의 사자가 축복할 때 믿음으로 받아 아멘 해야 한다는 것입니다.

그러면 어떻게 되는가? "내가 그들에게 복을 주리라" 하나님의 사자는 하나님의 말씀에 순종하여 하나님의 사람들에게 축복을 하면 아멘한 사람들에게 하나님께서 복을 주신다는 것입니다. 여기에 아주 귀한 복 받는 비결이 있지요? 첫째, 복은 하나님께서 주신다는 것. 둘째, 하나님의 사람은 하나님의 사자가 하는 축복을 통해 하나님께 복을 받는다는 것입니다.

그러기 때문에 우리가 교회에 와서 예배를 드리면서 설교 말씀으로 은혜를 받아야 하지만 설교를 마치고 축복하는 축복기도도 아멘하며 믿음으로 받아야 하는 것입니다. 우리가 구원 받은 하나님의 자녀로서 저주하는 사람에게도 복 받으라고 축복하며 살아야 하고, 악담하는 사람에게도 복을 빌어주고 살아야 하며 욕하는 사람에게 축복하며 산다는 것이 어렵지만 그래도 그렇게 살아야 하는 또 다른 이유가 있습니다.

악을 악으로, 욕을 욕으로 갚지 말고
도리어 복을 빌라 이를 위하여 너희가 부르심을 받았으니
이는 복을 이어받게 하려 하심이라(벧전 3:9)

그렇게 살아야 우리가 복을 이어서 받을 수 있기 때문입니다. 그렇게 살아야 우리가 받은 복에 복을 더 받을 수 있기 때문입니다. 그러므로 우리가 복을 더 받으려면 지난 주일에 말씀 드린 바와 같이 부정적인 말을 하지 말고 긍정적인 말을 자주 해야 하고 의심의 말 대신에 믿음의 말을 자꾸 해야 합니다.

"너는 못해. 너는 안 돼. 넌 할 수 없어." 라는 말 대신에 "너는 할 수 있어. 해봐 될 거야. 너는 잘 될 사람이야. 너는 될 줄 믿는다."라는 말을 해야 합니다. 여러분의 가정 잘 될 줄 믿습니다. 여러분의 자녀 큰 인물 될 줄 믿습니다. 우리교회 잘 되고 있습니다. 우리교회 더 부흥할 줄 믿습니다.

복을 더 받으려면 어떻게 해야 할까요?

어느 집에 들어가든지 먼저 말하되 이 집이 평안할지어다
하라 만일 평안을 받을 사람이 거기 있으면
너희의 평안이 그에게 머물 것이요
그렇지 않으면 너희에게로 돌아오리라 (눅 10:5-6)

이 말씀은 우리가 어느 집이나 어느 장소를 다니러 갔을 때 어떻게 해야 하는가를 알려주시는 말씀입니다. 심방을 갔을 때에도 그 집에 들어가면 가장 먼저 앉을 곳 정해 앉아서 먼저 기도해야 합니다. 교회에 왔으면 자리에 앉아서 먼저 기도를 해야 합니다. 어느 사무실에 갔을 때에도 가장 먼저 기도해야 합니다. 그러면 이런 때에 무슨 기도를 해야 하나요? 어느 곳이든 그 곳을 갔으면 그 가정의 평안을 빌라는 것입니다. 그 집을 위해 축복하라는 것입니다. 빚 받으러 갔고, 좋지 않은

일로 그 집에 갔을지라도 먼저 앉아서 기도부터 하라는 것입니다. 무슨 기도를 하라고요? 이 집이 평안할지어다 하라. "이 집 하는 일 잘 되게 해주세요. 부자되게 해주세요"라고 기도하라는 것입니다.

"아이고 어떻게 그렇게 기도해요? 나는 그 집 그렇게 될까봐서라도 그렇게는 기도 못하겠어요. 하나님 이 집 돈 빌려가고 갚지 않는데 돈을 갚지 않으면 이 집 망하게 해주시옵소서. 기도라도 그렇게 해야 시원하겠어요" 그러지 말라는 겁니다. 그러지 말고 "이 집 하는 일 잘 되게 해주세요. 부자 되게 해주세요. 이 집 자녀들 잘 되게 해주세요. 하나님 이 집 가족들이 다 예수님을 잘 믿고 구원을 받게 하소서. 하나님 이 집의 자녀들 믿음을 가진 큰 인물들 되게 하소서. 하나님 이 집의 생업에 축복하셔서 부자 되게 하소서. 하나님 이 집 식구들 건강하여 봉사 잘하고 전도 잘하게 하소서."라고 기도하라는 것입니다. 그 집에 복을 받을 수 있는지 없는지 따지지 말고 어느 집이든 그 집을 방문했으면 무조건 그 집을 위해 그렇게 복 받도록 축복해주라는 것입니다. 할렐루야!

어느 집에 들어가든지 먼저 말하되 이 집이 평안할지어다
하라 만일 평안을 받을 사람이 거기 있으면
너희의 평안이 그에게 머물 것이요
그렇지 않으면 너희에게로 돌아오리라

내가 기도하면 하나님은 내 기도를 들으시고 그 집이 복 받을 집이면 복을 내려 빚도 갚게 해주시고 잘못한 일이 있다면 잘못을 깨닫게 해주시고 그 집이 복을 받음으로 복을 빈 나에게도 좋은 일이 있게 해주실 줄 믿습니다. 그런데 나는 그 집을 위해 축복을 했지만 그 집이 축

복을 받을 준비가 되어 있지 않다면 내가 그 집 잘되기를 위해 축복한 그 복이 내게 돌아오게 된다는 것입니다. 말이 이처럼 힘이 있습니다. 그러므로 예수님을 믿는 우리는 말을 해도 축복하는 말을 많이 하고 살아야 우리가 더 잘 살 수 있게 될 줄 믿습니다. 새해를 맞아 복 받기를 원하는 여러분! 가정에서나 교회에서나 축복의 말을 함으로 말대로 축복 받는 새해가 되길 주님의 이름으로 축원합니다.

3장

긍정의 말을 하세요

혀는 곧 불이요 불의의 세계라
혀는 우리 지체 중에서
온 몸을 더럽히고 삶의 수레바퀴를 불사르나니
그 사르는 것이 지옥 불에서 나느니라 (약 3:6)

3장 |

긍정의 말을 하세요

ㅣ 고기는 씹어야 맛이요, 말은 해야 맛이다.

사람의 입도 하나님께서 만들어주셨고 언어를 사용하는 능력도 하나님께서 주셨으니 사람은 말을 하며 살아야 한다는 말입니다. 그런데 이런 말도 있습니다. "입은 비뚤어졌어도 말은 바로 해라." 무슨 말입니까? 입이 있고 말할 줄 안다고 말을 함부로 하면 안 되니 말을 해도 잘 해야 한다는 말입니다.

우리가 말을 해도 왜 잘해야 할까요? "가는 말이 고와야 오는 말이 곱다"고 하지요? 말에는 듣는 사람에게 영향력이 있기 때문입니다. 그 영향력은 좋게 나타날 때가 있습니다. "말 한 마디에 천 냥 빚도 갚는다."는 말이 그런 예입니다. 그런데 말을 잘 못하면 이런 일도 있습니다. 모로코의 속담 "말이 입힌 상처는 칼이 입힌 상처보다 깊다." "곰은 쓸개 때문에 죽고 사람은 혀 때문에 죽는다."는 말처럼 잘못한 말 때문에 자신이 망하는 수도 있습니다.

그래서 우리가 복을 받으려면 말을 잘 해야 합니다. 우리가 행복하려면 말을 잘 해야 합니다. 우리가 성공적인 삶을 살려면 말을 잘해야 합니다. 그러므로 말을 잘 하시기 바랍니다.

그럼 어떻게 말하는 것이 잘 하는 것일까요?

이것을 알고 우리가 받은 복에 더 많은 복을 받기 위해 우리교회에서는 새해를 맞이하여 언어능력 시리즈 말씀을 드리고 있습니다. 그 첫 번째가 "믿음의 말을 하세요"라는 것이었고 두 번째가 "축복의 말을 하세요"라는 것이었고 오늘은 "긍정의 말을 하세요"라는 말씀을 나누려고 합니다.

오늘도 설교말씀을 통해 여러분의 언어생활이 바뀌져서 새해에 여러분이 기대하는 대로 받은 복에 더 많은 복 받으시길 주님의 이름으로 축원합니다. 제가 연속 강해설교를 할 때에는 철저하게 성경을 중심으로 설교를 합니다만 절기 설교나 특별한 주제를 가지고 설교를 할 때에는 주변에 있는 다양한 정보를 모으고 그것을 정리해서 여러분과 나누고 있습니다.

그 다양한 정보 중에는 관련 책들을 읽으면서 얻기도 하고 인터넷을 검색해서 얻기도 하고 전문 강사들의 의견을 통해서 얻기도 합니다. 그러나 어떤 자료든 주변에서 수집한 여러 정보들을 기도하면서 성경의 진리를 이해하기 쉽도록 하는 도구로 전한다는 것을 참고하시기 바랍니다.

그런 정보들 중에 물이 사람의 말에 어떻게 반응하는지를 실험한 "양파 관찰"이라는 것이 있습니다. 같은 날 같은 장소에 탁자를 마련하고 그 탁자 위에 두 컵에 물을 담습니다. 그리고 그 컵 위에 양파를 한

개씩 올려놓습니다.

A 라는 컵에는 '사랑해'라는 글씨를 붙이고, B 라는 컵에는 '멍청아'라는 글씨를 붙이고 매일 3번씩 A 라는 컵에는 "사랑해"라고 말하고, B 라는 컵에는 "멍청아"라는 말합니다. 그러기를 시작한 후 5일에 보니까 "사랑해"라고 말한 A 컵 위의 양파도 뿌리가 내리기 시작하고 "멍청아"라는 말한 B 컵 위의 양파에도 뿌리가 내리기 시작했는데 8일 째가 되니까 "사랑해"라고 말한 A 컵의 물은 크게 변한 것이 없는데 "멍청아"라고 말한 B 컵의 물이 탁해지기 시작한 겁니다.

그러더니 49일째가 되자 "사랑해"라고 말한 A 컵 위의 양파는 잎이 위로 곧게 뻗으며 자라고 있었지만 "멍청아"라고 말한 B 컵 위의 양파는 잎이 옆으로 쳐지면서 말라 죽기 시작한 겁니다.

여러분들도 한 번 쯤 듣고 보셨을 것인데요. 성도 여러분! 이런 결과가 우연일까요? 과학적으로 증명할 수 있는 결과일까요? 그런 결과가 과학적이지 못하다고 생각한다면 이런 실험은 어떻습니까? 현미경으로 보면 사람의 눈으로는 볼 수 없는 것들까지 볼 수 있잖아요. 그래서 어떤 사람이 물에게 말을 하고 나서 물의 분자가 어떻게 변화하는지를 현미경으로 찍은 사진이 있습니다. 물 앞에서 좋은 말을 하고 그 물의 입자를 현미경 사진으로 찍어 보면 물 분자가 모양이 선명하게 보입니다. 그런데 반대로 물 앞에서 좋지 않은 말을 하고 현미경으로 찍은 사진을 보면 물의 입자가 흐릿하게 보입니다.

물에게 말을 하면 물이 반응을 해서 분자의 모양이 바뀌는 이런 현상을 저는 과학자가 아니기 때문에 더 자세하게 설명하기 곤란합니다. 그러나 중요한 것은 물이 사람의 말에 반응을 한다는 것은 분명한 것 같습니다.

그러면 물이 어떻게 말에 대해서 반응을 할까요? 물이 사람의 언어를 알아듣기 때문일까요? 물이 한국말도 알아듣고 중국말도 알아듣고 영어도 알아들어서 좋은 말을 하면 좋게 반응하고 나쁜 말을 하면 나쁘게 반응하는 것일까요? 그것은 아닙니다. 물이 언어를 알아듣는 것이 아니고 물이 사람의 말에서 나오는 파장에 반응한다는 것입니다. 그럼 어떻게 물이 사람의 말에 반응을 할까 이상하지요? 그에 대해 어떤 학자는 말하기를 사람은 물이기 때문이라고 합니다.

사람이 물이라는 말은 사람의 몸 70%이상이 물로 되어 있다는 말입니다. 그러기 때문에 사람이 말을 할 때 물로 이루어진 사람의 마음에서 파장이 나오고 사람의 마음에서 나온 파장이 말로 전달될 때 같은 물이 거기에 반응을 합니다.

그래서 물이 외국말을 알아 들어서 거기에 반응을 하는 것이 아니라 사람이 어느 나라 말을 하든지 물은 말을 하는 사람의 마음에서 나오는 파장에 반응을 해서 좋은 말을 할 때는 활발하게 활동하는 물이 되고 나쁜 말을 할 때는 활발하게 활동하지 않는 모습으로 반응하는 것입니다.

우리가 물을 마셔도 건강을 위해 살아 있는 물을 마셔야 한다고 해서 육각수, 미네랄 워터, 심층수를 사서 마십니다만 물을 마시기 전에 컵을 들고 좋은 마음으로 좋은 말을 하고 마시면 그 물이 살아 숨 쉬는 최상의 물이 될 것입니다.

이런 원리를 우리가 다 이해하지 못한다 하더라도 중요한 것은 사람이 말을 할 때 말하기 전에 먼저 마음을 다스려서 해야 할 말과 해서는 안 될 말을 가려서 해야 한다는 것입니다. 왜냐하면 어느 나라 언어를 사용하든 좋은 언어는 좋은 마음에서 나오고 나쁜 언어는 나쁜 마음에서 나오기 때문입니다. 말에 대해서 물만 반응하는 것이 아닙니다. 말을 할 때 듣는 사람에게는 더 큰 파장을 일으킵니다. 부정적인 말을 할 때는 부정적인 파장이 나갑니다.

부정적인 파장은 듣는 사람에게 부정적인 느낌을 주게 됩니다. 이 것이 불쾌감입니다. 상처입니다. 이런 불쾌감과 상처 때문에 관계가 나빠집니다. 오해가 생깁니다. 만나기 싫어집니다. 함께 있고 싶지 않아집니다. 미워합니다. 보기 싫어집니다. 좋았던 관계도 깨집니다. 부정적인 말 때문에 용기를 잃습니다. 희망을 잃습니다. 살맛을 잃습니다. 다툽니다. 미워합니다. 사람을 죽이기까지 합니다. 부정적인 말 때문에 말입니다.

몇 년 전 서울 노량진 보라매공원에서 있었던 일입니다. 한 50대 남자가 낮에 술에 취해 벤치에 앉아 있었습니다. 마침 한 30대 남자가 산책을 하고 있는 것을 보고 묻습니다. "당신 실직했소?" 그러자 이 말을 들은 30대 남자는 기분이 나빠 퉁명스럽게 대답합니다. "당신이 실직자이니까 다 실직자로 보입니까?"

"아니 뭐라고? 너는 어른도 몰라보냐 이놈아!" 이 말에 화가 난 30대 남자가 50대 남자를 걷어찼는데 50대 남자가 그만 죽고 말았습니다.

건강관리하겠다고 공원에 산책 나왔던 30대 이 청년 몇 마디 주고받은 말도 없었는데 살인자가 되고 말았습니다. 누구의 잘잘못을 따지기 전에 조심 없이 내뱉는 부정적인 말이 이런 비극을 일으킨 것입니다. 이런 것을 보면서 느끼는 것은 요즈음은 집에서나 교회에서나 직장에서 말조심해야 합니다. 전에는 자나 깨나 불조심 꺼진 불도 다시 보자고 했는데, 지금은 자나 깨나 말조심 가까운 사이에도 말조심을 해야 할 때입니다.

벧전 3:10-11에 말씀을 보면

그러므로 생명을 사랑하고 좋은 날 보기를 원하는 자는 혀를 금하

여 악한 말을 그치며 그 입술로 거짓을 말하지 말고 악에서 떠나 선을 행하고 화평을 구하며 그것을 따르라

악한 말이 어떤 말일까요? 속이는 말, 유혹하는 말, 거짓말, 의심하는 말, 부정적인 말입니다. 이런 말을 어떻게 해야 한다고요? '그치며' 그쳐야 합니다. 이런 말들은 하지 말아야 합니다. 그런데도 우리는 무의식중에 이런 말들을 자주하게 됩니다. 그래서 상대방에게 상처를 줄 때가 있습니다.

"1995년 10월 23일날 차를 타고 시골 가면서 당신이 내게 어떻게 그렇게 말할 수 있어요?" 내가 무심코 한 말을 아내는 정확하게 기억하고 있습니다. 나는 그런 말 한 적도 없는 것 같고 그래서 그런 말을 했다는 것을 기억도 못하는데 말입니다. 상대방에게 상처가 되는 말을 우리가 왜 무심코 하는 것일까요? 그것은 우리가 자라온 환경 그리고 우리가 살고 있는 환경 때문입니다. 어느 통계에 보니까 사람은 16세까지 자신에 대해서 부정적인 메시지를 17만 3천개나 듣는다고 합니다.

너는 못해 / 너는 안 돼 / 넌 못났어 / 너는 미련해 / 너는 바보야 / 멍청해 / 너는 미워 / 너 같은 건 아무리 해 봐도 못할 걸 / 네 잘못이야 / 너 때문이야 / 재수 없는 놈 / 차라리 포기해 / 그만 두는 것이 나을 거야 / 그래 내 잘못이야 / 그래 나 때문이야 / 나는 뭐를 해도 안 돼 / 나는 능력이 없어 / 해도 안 돼 / 그만 두고 싶다 / 모든 것이 다 귀찮아 / 그래 포기 해버릴까? / 죽고 싶다 / 차라리 죽어버릴까?

이런 부정적인 말을 하루에도 30번 이상 들으면서 살고 있는데 긍정적인 말을 듣는 것은 하루에 단 세마디도 안 된다고 합니다. 수 십 년 동안 우리가 그런 부정적인 환경 속에서 살아왔고 지금도 우리는 그런 부정적인 환경에 살고 있습니다. 그러다 보니까 우리가 부정적인 것에 젖어버렸습니다. 부정적인 자아상에 갇혀 있습니다. 부정적인 말을 하도 많이 듣다보니까 자기 자신에게도 그런 부정적인 이미지가 각인 되어버렸습니다. 그래서 결혼을 했어도 부정적인 사람들이 만나 부정적인 말을 하며 서로 상처를 주고 서로 상처를 받으며 부정적인 삶을 살아갑니다. 부모가 되었어도 자녀들에게 습관적으로 부정적인 말을 하며 자녀를 부정적인 자녀로 키웁니다.

이런 모습이 우리의 모습입니다. 이런 우리의 모습을 깨야 합니다. 이런 부정적인 모습에서 벗어나야 합니다. 부정적인 말을 고쳐야 합니다. 그래야 우리가 바라는 복을 받을 수 있습니다. 새해 들어 우리의 말이 바꿔지기를 주님의 이름으로 축원합니다. 부정적인 말을 버리고 긍정적인 말을 하는 여러분 되시길 소원합니다.

만일 그렇지 않으면 어떻게 될까요? 약 3:6에 보면 이런 말씀이 있습니다.

혀는 곧 불이요 불의의 세계라
혀는 우리 지체 중에서 온 몸을 더럽히고
삶의 수레바퀴를 불사르나니
그 사르는 것이 지옥 불에서 나느니라

무슨 말입니까? 말을 굳어진 습관대로 계속하며 살면 새해가 되어도 그 부정적인 말이 인생의 수레를 태워버리는 불과 같이 되어 결국

망하게 된다는 것입니다.

> 죽고 사는 것이 혀의 권세에 달렸나니
> 혀를 쓰기 좋아하는 자는 그 열매를 먹으리라(잠 8:21)

죽고 사는 것이 어디에 달렸다고요? 혀의 권세에 달렸다는 것입니다. "말 한 마디로 천 냥 빚을 갚는다"는 우리 속담처럼 말은 대단한 위력을 가지고 있습니다. 좋은 말에는 좋은 에너지가 전달되고 좋은 말은 그래서 좋은 결과를 낳습니다. 나쁜 말은 나쁜 에너지가 전달되고 나쁜 말은 그래서 나쁜 열매를 맺습니다. 그러기 때문에 앞서 말씀 드린 바와 같이 우리가 복을 받으려면 부정적인 말은 멀리하고 우리가 행복하고 성공적인 삶을 살려면 긍정적인 말을 하려고 해야 하는 것입니다.

성공하는 사람들의 공통점을 살펴보면 한 가지 공통점이 있습니다.

그것은 긍정적인 말을 한다는 것입니다. 미국 현 대통령은 오바마입니다. 인종차별이 가장 심한 나라가 미국입니다. 그런데 흑인 오바마가 세계 최강의 나라 미국에서 재선까지 하는 기적을 이루어냈습니다.

이런 기적이 일어난 이유가 어디 있다고 생각하십니까? 그것은 그의 메시지 때문입니다. 그의 메시지 특색이 무엇이었을까요? 오바마 대통령의 연설문을 보면 자주 사용하는 말이 있습니다.

'Let me be clear'라는 말과 'Yes, we can'이라는 말입니다. 무슨 말입니까? '확신하건데 우리는 할 수 있습니다.'는 말입니다. 이것을 사람들은 오바마의 긍정 대화법이라고 부르기도 합니다.

'Let me be clear, Yes we can!' 확신하건데 우리는 할 수 있다는

이 긍정의 메시지에 미국 국민들이 열광한 것입니다. 그래서 오바마에게 희망을 걸고 지지해준 결과 흑인인 오바마가 인종 차별이 가장 심한 미국에서 대통이 될 수 있었고 재선까지 되어 지금도 세계 최강 미국을 이끌고 있는 것입니다.

우리도 이런 긍정 대화법을 배워 사용해야 합니다.

- 너는 할 수 있어 / 충분히 할 수 있어
- 너는 할 거야 / 너는 해 낼 거야 / 나는 너를 믿는다
- 네가 그렇게 될 줄 믿어 / 해 봐 / 아빠가 밀어줄게
- 하나님께서 너를 도우실 거야 / 하나님이 너를 사랑하시니까
- 해보자 / 우리는 할 수 있어 / 우리는 기도할 수 있잖아

부모가 자녀들에게 이런 말을 해야 합니다. 이런 말을 듣고 자라는 아이들은 반드시 잘 될 줄 믿습니다.

- 저도 그렇게 될 줄 믿습니다 / 해보겠습니다
- 당신은 잘 할 수 있어요 / 힘 내세요 / 그래 우리 같이 해봅시다.

부부 간에 서로 이런 긍정의 말을 해야 합니다. 그런 가정은 넉넉지 못해도 살수록 행복해 질 줄 믿습니다. 여러분의 부부가 그런 부부 되시길 소원합니다.

우리교회는 잘 되고 있습니다. 건축 중에도 한 건의 시험도 없이 잘 되었습니다. 건축 중에도 하루도 중단 되는 일이 없이 잘 되었습니다. 건축 후 3년 만에 아무 문제없이 헌당도 하였습니다. 올 해 더 잘 될 줄 믿습니다. 올 해 한 사람 이상 전도가 이루어질 줄 믿습니다. 우리 주일

학교가 부흥 될 줄 믿습니다.

교인들이 교회에서 이런 믿음의 말 긍정의 말을 해야 합니다. 그러는 우리교회 정말로 잘 되고 있습니다. 앞으로 더 잘 될 줄 믿습니다. 그런 좋은 교회에서 신앙생활을 하는 우리 자녀들은 믿음의 경건한 자녀로, 영향력 있는 인물로 성장할 줄 믿습니다. 이런 건강한 축복의 동산에서 신앙생활을 하는 여러분의 가정도 행복하고 여러분이 하는 일도 잘 되는 역사가 일어날 줄 믿습니다.

우리는 받은 복에 더 복 받기를 원하는 사람들입니다. 그러기 위해 부정적인 말투를 긍정적인 말투로 바꾸어야 합니다. 부정적인 사고를 긍정적인 사고로 바꾸어야 합니다. 그러기 위해 보는 것도 조심해야 합니다. 어느 심리학자가 사람들이 보는 것에 어떻게 반응하는가를 알아보기 위해 실험한 것이 있습니다.

방 2개가 있는데 각 방에 탁자를 준비하고 탁자 위에 단어들을 올려놓고 각 방을 들러서 나오는 모습을 관찰합니다. A 방 탁자에는 주름진, 회색, 양로원이라는 글씨를 놓고 B 방 탁자에는 팽팽한, 푸른색, 운동장이라는 글씨를 써서 올려놓습니다. 그리고 두 그룹의 사람들을 차례로 두 방을 들어갔다가 나오게 하고 나오는 사람들의 표정을 살피는데요 A 방에 들어갔다가 나오는 사람들은 표정이 굳어 있고 행동이 느립니다. 그런데 B 방에 들어갔다가 나오는 사람들은 표정이 밝고 행동이 빠릅니다.

이 실험을 통해 발견한 것은 사람이 무슨 글씨를 보느냐에 따라 마음과 행동이 달라지더라는 것입니다. 그러니 어떻게 해야 합니까? 복을 받으려면 긍정적인 말을 해야 하는데 긍정적인 말을 하기 위해서는 눈으로 보는 것도 긍정적인 것을 보아야 한다는 것입니다.

요즈음은 서로들 바쁘게 살다보니 한 주에 한두 번 가족들이 함께 모이기도 어렵습니다. 그런 중에도 어쩌다가 가족이 함께 하는 시간에 무엇을 합니까? 대부분 TV를 봅니다. 아이들이 공부하기도 바쁘지만 아무리 바빠도 시간을 내서 컴퓨터는 합니다. 전철을 타면 차를 타고 가고 있는 대부분의 사람들이 고개를 숙이고 있습니다. 고개를 숙이고 무엇을 합니까? 조는 사람 아니면 거의 모든 사람들이 핸드폰을 보고 있습니다.

그런데 요즈음 TV와 핸드폰과 컴퓨터가 우리에게 보여주는 것들이 긍정적인 내용들입니까? 부정적인 내용들입니까? 80-90%가 부정적인 것들입니다. 우리는 그런 부정적인 것들을 보면서 즐깁니다. 재미있어 합니다. 따라합니다. 그러면서 우리 사회가 살벌한 사회, 삭막한 사회, 부정적인 것으로 가득 찬 무서운 사회가 되고 만 것입니다.

하나님께서 아모스 선지자를 통해 이런 말씀을 하셨습니다.

> 주 여호와의 말씀이니라 보라 날이 이를지라
> 내가 기근을 땅에 보내리니
> 양식이 없어 주림이 아니며 물이 없어 갈함이 아니요
> 여호와의 말씀을 듣지 못한 기갈이라(암8:11)

지금 우리 시대가 먹을 양식이 부족한 문제가 아니라는 것입니다. 우리나라 아기 엄마들이 국산 우유를 아이에게 먹이지 않고 독일에서 수입한 우유를 먹이기 때문에 우리나라 우유 재고가 산더미처럼 쌓여 있다고 하지요? 우리나라 사람들이 쌀밥 먹는 것을 줄이는 바람에 곡물 창고마다 쌀이 산더미처럼 쌓여 있습니다. 그래서 정부에서는 올해부터 묵은 쌀을 소나 돼지 사료로 사용하기로 했다고 합니다. 우리 땅 이북에서는 먹을 것이 없어 주린 사람들이 많다고 하는데 우리나라는

소나 돼지 짐승들도 쌀을 먹는 나라입니다.

성도 여러분! 그렇다고 우리나라 국민들이 그만큼 행복해 하고 있습니까? 아닙니다. 세계에서 자살을 가장 많이하는 나라가 우리나라입니다. 왜 그렇습니까? 오늘날 많은 사람들이 배는 불러도 격려와 칭찬과 긍정적인 말에 목말라 있기 때문입니다. 불신자들은 몰라도 예수님을 믿어 구원을 받은 우리 성도들이라도 격려와 칭찬과 긍정의 말에 주려 있는 사람들에게 격려를 해주는 사람들이 되어야 합니다. 할렐루야!

우리라도 칭찬을 해주는 사람들이 되어야 하며 긍정의 말을 해주는 사람들이 되어야 합니다. 사람이 격려의 말을 들으면 행복해 합니다. 사람이 칭찬의 말을 들으면 더 좋은 일을 생각합니다. 사람이 긍정의 말을 들으면 용기를 얻습니다. 사람이 격려의 말을 들으면 기쁩니다. 격려하는 사람도 기쁘고 격려를 받는 사람도 기쁩니다. 사람이 칭찬의 말을 들으면 좋은 일을 더 열심히 하게 됩니다. 사람이 긍정의 말을 들으면 주저하던 사람이 일어나 새로운 희망을 갖고 새 출발을 합니다. 우리가 긍정의 말씀을 자주 들어야 합니다. 하나님의 말씀이 격려의 말입니다. 성경 말씀이 긍정의 말입니다. 긍정의 말씀을 가까이 하고 긍정의 말을 전함으로 새해에 복에 복을 받는 행복한 여러분 되시길 주님의 이름으로 축원합니다.

4장

살리는 말을 하세요

온 회중이 소리를 높여 부르짖으며 백성이 밤새도록 통곡하였더라 이스라엘
자손이 다 모세와 아론을 원망하며 온 회중이 그들에게 이르되 우리가
애굽 땅에서 죽었거나 이 광야에서 죽었으면 좋았을 것을 어찌하여 여호와가
우리를 그 땅으로 인도하여 칼에 쓰러지게 하려 하는가 우리 처자가 사로잡히
리니 애굽으로 돌아가는 것이 낫지 아니하랴 이에 서로 말하되 우리가 한
지휘관을 세우고 애굽으로 돌아가자 하매 모세와 아론이 이스라엘 자손의
온 회중 앞에서 엎드린지라 그 땅을 정탐한 자 중 눈의 아들 여호수아와
여분네의 아들 갈렙이 자기들의 옷을 찢고 이스라엘 자손의 온 회중에게 말하여
이르되 우리가 두루 다니며 정탐한 땅은 심히 아름다운 땅이라 여호와께서
우리를 기뻐하시면 우리를 그 땅으로 인도하여 들이시고 그 땅을 우리에게
주시리라 이는 과연 젖과 꿀이 흐르는 땅이니라 다만 여호와를 거역하지는
말라 또 그 땅 백성을 두려워하지 말라 그들은 우리의 먹이라 그들의
보호자는 그들에게서 떠났고 여호와는 우리와 함께 하시느니라 그들을
두려워하지 말라 하나 온 회중이 그들을 돌로 치려 하는데 그 때에
여호와의 영광이 회막에서 이스라엘 모든 자손에게 나타나시니라 (민 14:1-10

4장 |
살리는 말을 하세요

하나님께서 세상을 지으시고 사람을 지으신 후에 사람들이 여러 민족 여러 나라로 번성해 졌습니다.

그러자 하나님께서 하나님의 뜻을 이루시기 위해 여러 민족 중에 이스라엘 사람들을 택하셨습니다. 그래서 이스라엘 사람들을 부를 때 하나님께 택함 받은 민족이라고 해서 하나님의 선민이라고 하고 하나님께 구별된 백성이라고 해서 하나님의 성민이라고도 합니다. 이런 이스라엘 사람들이 애굽에 살고 있을 때 하나님께서 모세를 이스라엘 지도자로 세우셔서 애굽에서 나와 가나안 땅으로 가서 살도록 하셨습니다. 그래서 200만 명이나 되는 이스라엘 사람들이 지도자 모세를 따라 험한 사막길 광야를 지나 그 약속의 땅 가나안에 가까이 왔을 때의 일입니다.

가나안 땅은 비어 있는 땅이 아니었습니다. 이미 그 땅에 가나안 7족속이 살고 있었습니다. 그러기 때문에 이스라엘 사람들이 그 땅에 들어가 살려면 그 땅에 살고 있던 사람들과 싸워서 이겨야 했습니다. 그래서 하나님께서 이스라엘 사람들에게 그 땅의 형편을 미리 알아보고 그 땅을 정복할 준비를 하고 들어가 싸우라고 하셨습니다. 그래서 하나님의 말씀을 들은 모세는 이스라엘의 12지파 별로 한 사람씩 정탐꾼을 선발합니다. 그리고 그들에게 가나안 땅에 들어가 미리 살펴보고 와서 보고하도록 했습니다.

이때 백성들이 정탐꾼들의 보고를 얼마나 궁금해 했을 것 같습니까? 우리가 그렇게도 그리워하던 약속의 땅이 어떻게 생겼을까? 우리도 다 사람들이 갔다 온 그 땅에 들어가 살 수 있겠지? 그런 기대감에 찬 백성들에게 정탐꾼들이 정탐보고를 하는데 그 보고를 들은 백성들이 어떤 반응을 했을 것 같습니까? 궁금하지요? 1절을 보시기 바랍니다.

온 회중이 소리를 높여 부르짖으며
백성이 밤새도록 통곡하였더라

가나안 땅에 갔다가 돌아온 정탐꾼들의 소식을 들은 백성들이 박수를 치며 좋아한 것이 아니라 밤새 대성통곡을 했다는 겁니다. 왜 그랬을까요? 백성들이 정탐꾼들의 보고를 듣고 대단히 실망했기 때문입니다. 그 당시 백성들이 정탐꾼들의 보고를 듣고 얼마나 실망했는지 백성들이 그때 통곡하면서 하는 말을 2-4절에서 들어보세요.

이스라엘 자손이 다 모세와 아론을 원망하며
온 회중이 그들에게 이르되
우리가 애굽 땅에서 죽었거나 이 광야에서 죽었으면 좋았을 것을

어찌하여 여호와가 우리를 그 땅으로 인도하여
칼에 쓰러지게 하려 하는가
우리 처자가 사로잡히리니 애굽으로 돌아가는 것이 낫지 아니하랴
이에 서로 말하되
우리가 한 지휘관을 세우고 애굽으로 돌아가자

모세와 아론을 원망하기 시작합니다. 애굽에서 죽게 놔두지 왜 우리를 여기까지 데리고 와서 여기서 칼에 죽게 하려느냐? 우리 처자들이 이 광야에서 다 죽게 되었다. "여러분! 이런 지도자들을 더 이상 믿지 못하겠습니다. 다른 지도자를 세우고 차라리 우리 애굽으로 돌아갑시다."라고 하면서 모세와 아론을 돌로 치려고 했습니다.

어쩌다가 이스라엘 백성들이 이렇게 변해버렸지요? 이스라엘 백성들이 처음부터 이러지 않았습니다. 홍해를 건너고 광야를 지나오는 동안 어려움은 많았지만 이스라엘 백성들은 지도자 모세를 중심으로 단합된 모습으로 어려운 광야를 잘 걸어왔는데 이스라엘 사람들이 정탐꾼들의 보고를 듣고 갑자기 이렇게 달라진 겁니다. 그러면 가나안 땅에 갔다가 돌아온 정탐꾼들이 도대체 무슨 소식을 전하였기에 백성들이 이렇게 갑자기 변하게 되었을까요? 민 13:31-33을 보시기 바랍니다.

그와 함께 올라갔던 사람들은 이르되
우리는 능히 올라가서 그 백성을 치지 못하리라
그들은 우리보다 강하니라 하고
이스라엘 자손 앞에서 그 정탐한 땅을 악평하여 이르되
우리가 두루 다니며 정탐한 땅은 그 거주민을 삼키는 땅이요
거기서 본 모든 백성은 신장이 장대한 자들이며

거기서 네피림 후손인 아낙 자손의 거인들을 보았나니
우리는 스스로 보기에도 메뚜기 같으니
그들이 보기에도 그와 같았을 것이니라

가나안 땅에 미리 가서 정탐하고 돌아온 열 명의 정탐꾼들이 백성들에게 보고하기를 우리는 가나안 땅에 가서 그들을 이기지 못할 것이다. 그곳 사람들을 보니 신장이 거대한 사람들이었다. 그들 앞에 우리는 메뚜기 같이 보이는데 그들이 우리를 볼 때에도 그렇게 보였을 것이다. 그 땅은 우리를 삼키는 땅이다. 그러니 우리는 그 땅에 갈 수 없다. 가면 우리 다 죽는다는 겁니다.

이런 믿음 없는 말, 부정적인 말을 백성들이 듣더니 하나님에 대한 마음이 변한 겁니다. 지도자에 대한 마음도 변하고 가나안에 들어갈 희망도 사라지고 마음이 강퍅해지면서 하나님을 원망하고 지도자에게 돌을 들어 치려는 사람들로 변한 것입니다. 믿음 없는 부정적인 말이 사람들의 마음을 이렇게 절망으로 내몬 겁니다. 그러자 어떻게 되었습니까?

나를 원망하는 이 악한 회중에게 내가 어느 때까지 참으랴
이스라엘 자손이 나를 향하여 원망하는 바
그 원망하는 말을 내가 들었노라
그들에게 이르기를 여호와의 말씀에 내 삶을 두고 맹세하노라
너희 말이 내 귀에 들린 대로 내가 너희에게 행하리니
너희 시체가 이 광야에 엎드러질 것이라
너희 중에서 이십 세 이상으로서 계수된 자
곧 나를 원망한 자 전부가

여분네의 아들 갈렙과 눈의 아들 여호수아 외에는
내가 맹세하여 너희에게 살게 하리라 한 땅에
결단코 들어가지 못하리라(민 14:27-30)

백성들이 하나님과 하나님의 사자에게 원망하며 불평하는 소리를 하나님께서 다 들으셨습니다. 그리고 하나님께서 그들에게 갚으시는데 그들이 하나님과 하나님의 사자들에게 한 말 그대로 갚으시겠다는 것입니다. 그래서 결국은 하나님과 하나님의 사자들을 원망하며 우리는 가나안 땅에 들어가지 못할 것이다, 우리는 이 광야에서 죽을 것이다라고 말한 사람들은 그들의 말대로 한 사람도 가나안에 들어가지 못하고 광야에서 다 죽었습니다.

성도 여러분! 이런 말씀을 통해서 우리가 알 수 있는 것이 무엇입니까? 믿음 없는 부정적인 말은 자신을 죽이고, 듣는 사람들도 죽인다는 것입니다. 그러기 때문에 우리가 죽지 않고 살려면 믿음 없는 말은 듣지 말아야 하고 설령 들린다고 해도 따르지 말아야 합니다. 이스라엘 사람들이 믿음 없는 말만 들은 것이 아닙니다. 12명의 정탐꾼 중에 두 사람 여호수아와 갈렙의 보고 내용은 다른 10명의 정탐꾼들의 보고와는 달랐습니다. 여호수아와 갈렙은 가나안을 정탐하고 돌아와서 백성들에게 민 14:7-9에서 이렇게 보고합니다.

우리가 두루 다니며 정탐한 땅은 심히 아름다운 땅이라
여호와께서 우리를 기뻐하시면 우리를 그 땅으로 인도하여
들이시고
그 땅을 우리에게 주시리라 이는 과연 젖과 꿀이 흐르는 땅이니라
다만 여호와를 거역하지는 말라 또 그 땅 백성을 두려워하지 말라

그들은 우리의 먹이라
그들의 보호자는 그들에게서 떠났고
여호와는 우리와 함께 하시느니라 그들을 두려워하지 말라

"가서 보았더니 그 땅은 정말 하나님께서 우리를 위해 예비해 놓으신 심히 아름다운 땅이더라 하나님의 말씀 그대로 젖과 꿀이 흐르는 땅이더라 그 땅에 사는 사람들을 보니 체구가 장구한 사람들이더라 그러나 그들을 두려워 할 필요가 없다. 왜냐하면 하나님은 그들을 떠났고 하나님은 우리와 함께 하시기 때문이다. 그러니 두려워하지 말고 그 땅에 들어가"자는 것입니다.

열두 사람이 같은 시기에 같은 곳을 다녀와서 보고를 하는데도 많이 다르지요? 열 명의 정탐꾼은 믿음 없는 부정적인 보고를 한 반면에 두 명의 정탐꾼은 믿음이 있는 긍정적인 보고를 한 겁니다. 백성들이 이 보고를 동시에 들었습니다. 그랬으면 백성들이 이 두 보고 내용을 잘 선별해서 들어야 하지요. 그런데 그 당시 이스라엘 사람들은 누구의 말을 따랐습니까? 믿음의 말, 긍정의 말은 믿지 않고 믿음이 없는 부정적인 말을 믿은 겁니다. 살리는 말은 믿지 않고 죽이는 말을 믿은 것입니다. 그래서 그들도 부정적인 말을 하다가 그들의 부정적인 말대로 애굽에서는 나왔지만 약속의 땅에는 들어가지 못했습니다.

오늘날 우리 주변에도 우리를 죽이는 말이 있고 우리를 살리는 말이 있습니다. 그러기 때문에 죽지 않고 살기를 원하는 사람은 어떤 말이 죽이는 말이고 어떤 말이 살리는 말인가를 분별해야 합니다. 할렐루야!

그러려면 어떻게 해야 할까요? 성경 말씀을 열심히 읽고 이 성경말씀을 열심히 들으면 우리 주변에서 들리는 말들 중에 어떤 소리가 죽이는 소리이고 어떤 소리가 살리는 소리인가를 분별할 수 있는 능력이

생깁니다. 할렐루야!

　그래서 집에서 성경을 읽는 것이 중요하고 그래서 교회에 나와 설교말씀을 듣는 것이 중요한 것입니다. 성경 읽기와 설교말씀 듣기에 힘쓰셔서 죽이는 말은 버리고 살리는 말을 하는 여러분 되시길 주님의 이름으로 축원합니다.

　창세기 2장에 보면 인류를 살리는 말이 나오고 창세기 3장에 보면 인류를 죽인 말이 나옵니다. 그러면 인류를 살리는 말은 어떤 말이었을까요? 창 2:16-17을 보시기 바랍니다.

> 여호와 하나님이 그 사람에게 명하여 이르시되
> 동산 각종 나무의 열매는 네가 임의로 먹되
> 선악을 알게 하는 나무의 열매는 먹지 말라
> 네가 먹는 날에는 반드시 죽으리라 하시니라

　이 말씀은 하나님께서 사람의 대표였던 아담과 하와에게 하신 말씀입니다. 사람이 죽지 않고 살 길을 하나님께서 미리 알려주셨습니다. 그러기 때문에 사람의 시조였던 아담과 하와가 하나님의 살리는 말씀에 순종하기만 했더라면 사람은 죽지 않고 살 수 있었습니다. 그런데 창3:1을 보시기 바랍니다.

> 그런데 뱀은 여호와 하나님이 지으신 들짐승 중에 가장 간교하니라
> 뱀이 여자에게 물어 이르되
> 하나님이 참으로 너희에게
> 동산 모든 나무의 열매를 먹지 말라 하시더냐?

이 말은 마귀가 사람의 대표인 아담의 아내 하와에게 다가와 온 인류를 죽이기 위해 한 유혹의 말인데요, 하나님의 말씀을 들은 하와에게 마귀가 뱀 속에 들어가 "하나님이 참으로 너희에게 동산 모든 나무의 열매를 먹지 말라 하시더냐?"고 하나님의 말씀을 의심하게 하는 말을 건넵니다. 하와는 마귀가 왜 그런 말을 하는지 알지 못했습니다. 그러자 마귀는 하와에게 더 가까이 다가와 속삭입니다.

뱀이 여자에게 이르되 너희가 결코 죽지 아니하리라
너희가 그것을 먹는 날에는 너희 눈이 밝아져
하나님과 같이 되어 선악을 알 줄 하나님이 아심이니라
(창 3:4-5)

하나님께서 너희에게 그 나무의 열매를 먹지 말라하시는 이유는 너희가 그 나무의 열매를 따 먹으면 너희가 하나님처럼 되는데 너희가 그렇게 될까봐 그렇게 말씀하신 거야 너희도 따 먹고 하나님처럼 되면 좋잖아 그러면서 미혹하는 겁니다. 하와가 마귀의 말을 듣고 하나님의 말씀을 의심하면서 선악과를 바라보니

본즉 먹음직도 하고 보암직도 하고
지혜롭게 할 만큼 탐스럽기도 한 나무인지라(창 3:6)

그래서 하와는 하나님께서 따먹지 말라하신 동산 중앙에 있는 나무의 열매를 따먹고 맙니다. 하나님의 말씀은 어기고 마귀의 유혹하는 말은 따른 겁니다. 그 결과 어떻게 되었습니까? 마귀가 말하기를 하나님께서 따먹지 말라하신 열매를 따먹어도 결코 죽지 아니하리라고 했지

만 아담과 하와는 하나님께서 말씀하신 대로 정녕 죽게 되었습니다. 하나님의 말씀은 살리는 말씀이고 마귀의 말은 죽이는 말인데 아담과 하와가 그것을 몰랐던 것입니다.

살리는 말씀과 죽이는 말을 분별하지 못하면 누구나 이렇게 됩니다. 오늘날 많은 사람들이 과거 아담과 하와와 같은 실수를 계속 범하고 있습니다. 살리는 하나님의 말씀은 듣지 않고 죽이는 마귀의 유혹의 말을 듣고 따라 살면서 자기도 죽고 남도 죽게 만들고 있습니다.

저와 여러분은 그런 실수를 하지 않기를 주님의 이름으로 축원합니다. 그런 실수를 우리가 다시 범하지 않으려면 우리 주변에서 들리는 말 중에 죽이는 말이 무엇인가를 알아야 합니다. 인터넷에서 죽이는 말을 검색해 보니 제가 알지 못했던 죽이는 말들이 많이 있어서 여러분에게 소개하지요.

먼저 남편을 죽이는 말이 있습니다.

1) 당신 월급이 얼마인 줄 알기나 해요?
2) 당신이 지금까지 뭐 하나 제대로 하는 게 있어요?
3) 당신 식구들은 왜 그 모양이에요?
4) 당신 어머니는 왜 화만 내는데요?
5) 애들이 당신보고 뭐라 그러는 줄 알기나 해요?
6) 됐어요, 상관 말고 살아요. 언제는 잘 했나요?
7) 애들이 다 지 애비 닮아가지고 그러는 거예요.

아무 생각 없이 내뱉는 이런 말이 남편을 죽이는 말입니다. 이런 말을 무심코라도 하는 것은 직장에서 자존심 다 내려놓고 가족을 위해 몸 부림치는 착한 남편을 두 번 죽이는 말입니다. 여성 성도 여러분! 여러분의 남편에게 이런 말을 절대로 하지 마세요. 어려울수록 집에서 살리는 말을 해야 합니다. 형편이 답답할수록 살리는 말을 해야 합니다. 아무리 어려워도 죽이는 말은 입 밖에도 내지 않는 여러분 되시길 소원합니다. 이제 아내를 죽이는 말을 소개하지요.

아내를 죽이는 말은 이렇습니다.

1) 당신 몸매가 그게 뭐야? 몸매 좀 가꿔!
2) 하루 종일 집에서 뭐 했어?
3) 애들이 왜 저 모양이야?
4) 내가 눈이 삐었었지.
5) 누가 장모 딸 아니랄까봐 그래?
6) 비싼 화장품 발라보면 뭘 해. 그게 그 얼굴이지.
7) 살림을 하는 거야? 말아먹는 거야?

여기 계신 남편들 중에 아내에게 이런 말을 하는 간 큰 사람 없지요? 혹시라도 아내에게 평소 이런 말을 자주 하면 어떻게 되는지 아시지요? 이런 말은 아내를 두 번 죽이는 것만 아니라 나이 들어 편한 밥 얻어 잡숫지 못할 수 있는 말입니다. 남자 성도 여러분! 아내에게 이런 죽이는 말은 절대 하지 말고 살리는 말을 하는 여러분 되시길 소원합니다.

다음으로 자녀를 죽이는 말도 있습니다.

1) 너는 왜 항상 그 모양이니?
2) 너만 보면 지겹다 지겨워.
3) 어쩌다 내가 저런 자식을 낳아가지고. 아이고 내 팔자야.
4) 누구는 좀 봐. 말 잘 듣지. 공부도 잘하지. 너는 뭐야 도대체?

5) 네가 하는 게 다 그렇지. 뭐 잘하는 게 한 가지나 있니? 말해봐.

6) 너 때문에 창피해 죽겠어 이놈아!

7) 차라리 내 눈에 보이지 않았으면 좋겠어 이 자식아!

이런 말들이 자식을 죽이는 말입니다. 부모 여러분! 여러분은 여러분의 자녀들이 잘 되기를 바라잖아요. 마음은 그러면서도 입으로는 자식에게 이런 말을 하면 그 자식을 죽이는 것입니다. 부모가 그러면 안 됩니다. 부모라면 누구나 자기 자식 잘 되기를 바라는데 마음만 그러는 것이 아니라 입으로도 그래야 합니다. 죽이는 말은 버리고 살리는 말을 하는 부모님들 되시길 소원합니다. 이런 말들이 죽이는 말이라면 그러면 살리는 말은 어떤 말일까요?

남편을 살리는 말은 이렇습니다.

1) 여보, 사랑해요. 당신 정말 멋쟁이야!

2) 난 당신만 믿어. 당신은 못하는 게 없잖아!

3) 내가 시집 하나는 잘 왔지.

4) 당신 덕에 내가 얼마나 행복한지 당신은 모를 거예요.

5) 여보, 난 다시 태어나도 당신하고 결혼할 거예요.

6) 당신은 어쩌면 하는 일마다 그렇게 멋져요?

7) 난 당신밖에 없어요.

8) 당신은 아무 거나 입어도 어쩜 그렇게 잘 어울려요

9) 여보, 난 이 세상에서 제일 행복한 여자인가 봐요.

10) 내가 사람 보는 눈은 있다니까.

이런 말을 자주 하는 여러분 되시길 소원합니다. 그러면 이런 말을

들은 여러분의 남편들은 기분이 살아나고 아내 사랑하는 마음도 살아나면서 직장 생활도 잘할 뿐 아니라 노는 날 아르바이트도 하고 투잡 쓰리잡까지 뛰면서 열심히 돈 벌어다 바칠 줄 믿습니다. 살리는 말을 자주 함으로 이런 복을 받으시길 소원합니다.

아내를 살리는 말은 이렇습니다.

1) 여보 사랑해요. 당신, 갈수록 더 멋있어.
2) 당신 음식 솜씨는 일품이야.
3) 역시 나는 처복이 많은 사람이야.
4) 다 당신이 기도해 준 덕분이야.
5) 당신은 애들 잘 키우는 데 타고난 소질이 있나봐.
6) 언제 이런 것까지 배웠어? 대단하네.
7) 당신 보고 있으면 감탄사가 저절로 나와.
8) 당신은 못하는 게 없네.
9) 당신은 뭘 입어도 폼이 난다니까.
10) 당신 마음 씀씀이를 보면 내가 부끄러울 정도야.

그러면 이런 말을 들은 여러분의 아내들은 기분이 살아나고 남편 사랑하는 마음도 살아나면서 얼굴에 생기가 돌고 발걸음이 가벼워지게 될 줄 믿습니다. 그러면 밥상에 반찬도 달라지고 퇴근하는 남편을 대하는 모습도 달라지고 자녀를 대하는 태도가 달라지면서 여러분의 가정이 더 행복한 가정으로 변하게 될 것입니다. 살리는 말을 자주 함으로 이런 복을 받으시길 소원합니다.

자녀를 살리는 말은 이렇습니다.

1) 엄마 아빠는 이 세상에서 너를 제일 사랑한단다.

2) 역시 너는 다르구나 엄마보다 낫네.

3) 너는 하나님의 선물이란다.

4) 참 수고 했다. 애썼어. 좀 쉬면서 해라 그러다 지치겠다.

5) 넌 우리가족의 자랑이야. 너 때문에 살맛난다.

6) 너라면 할 수 있어 해봐.

7) 아빠와 엄마는 언제나 네 편이야. 널 믿어

8) 정말 너 멋지구나!

9) 네 말이 맞구나 잘했어!

10) 너는 축복의 통로가 될 사람이야!

이런 말을 하면 그 말을 듣는 자녀들은 열심히 기도하며 열심히 공부해서 자기를 살려준 부모에게 효도하는 인물이 될 줄 믿습니다. 세상에 말하지 않고 사는 사람은 없습니다. 누구나 말하며 살아갑니다. 그런데 평소에 죽이는 말을 하며 사느냐 살리는 말을 하며 사느냐에 따라 사람의 운명은 달라집니다.

가정에서 서로 죽이는 말을 하는 가정은 결국 망합니다. 가정에서 살리는 말을 하는 가정은 살수록 행복한 가정이 됩니다. 그러기 때문에 부부가 서로 죽이는 말을 하면 안 됩니다. 살리는 말을 하는 부부가 되어야 합니다. 자녀를 죽이는 말을 하는 부모가 되면 안 됩니다. 자녀를 살리는 말을 하는 부모가 되어야 합니다.

교회에서도 마찬가지입니다. 교인이라면 교회를 죽이는 말을 하면 안 됩니다. 교회를 살리는 말을 해야 합니다. 교회를 죽이는 말은 교회에서 원망하는 말입니다. 교회에서 부정적으로 하는 말입니다. 교회를 살리는 말은 교인들이 서로 격려하는 말입니다. 서로 칭찬하는 말입니

다. 서로 축복하는 말입니다.

1) 교회에 편히 올수 있도록 운전해 주셔서 고맙습니다.

2) 차를 잘 안내해 주셔서 고맙습니다.

3) 밝은 얼굴로 맞아 주시니 너무 좋습니다.

4) 철없는 아이들 잘 지도해 주셔서 고맙습니다.

5) 추운 날씨에 맛있는 음식 준비해 주셔서 잘 먹었습니다.

6) 아름다운 찬양을 듣게 해주셔서 너무 좋습니다.

7) 저를 위해 기도해 주셔서 고맙습니다.

8) 복된 자리에 늦지 않게 오시느라 수고하셨습니다.

9) 함께 해주셔서 행복합니다.

10) 우리교회는 잘 되고 있습니다.

11) 올 해 더 잘 될 줄 믿습니다.

12) 올 해 한 사람 이상 전도가 이루어질 줄 믿습니다.

13) 주일학교 교육을 제일 잘 하는 교회가 우리교회입니다.

14) 주일학교 선생님이 잘하셔서 그렇습니다.

15) 우리 주일학교가 더 부흥 될 줄 믿습니다.

16) 이런 좋은 교회에서 신앙생활을 하는 우리 자녀들이
    믿음의 경건한 자녀로 잘 자랄 줄 믿습니다.

17) 선한 영향력을 행사하는 인물로 자랄 줄 믿습니다.

이런 살리는 말이 풍성한 우리교회는 좋은 교회입니다. 우리교회가 그런 교회입니다. 이렇게 살리는 말로 우리의 말이 바뀜으로 금년 복에 복이 더해지는 우리교회! 육의 복과 영의 복이 더해지는 여러분 되시길 주님의 이름으로 축원합니다.

5 장

은혜로운 말을 하세요

나오미가 두 며느리에게 이르되 너희는 각기 너희 어머니의 집으로 돌아가라
너희가 죽은 자들과 나를 선대한 것 같이 여호와께서 너희를 선대하시기를
원하며 여호와께서 너희에게 허락하사 각기 남편의 집에서 위로를 받게
하시기를 원하노라 하고 그들에게 입 맞추매 그들이 소리를 높여 울며 나오미
에게 이르되 아니니이다 우리는 어머니와 함께 어머니의 백성에게로 돌아가겠나
이다 하는지라 나오미가 이르되 내 딸들아 돌아가라 너희가 어찌 나와 함께 가
려느냐 내 태중에 너희의 남편 될 아들들이 아직 있느냐 내 딸들아 되돌아 가
라 나는 늙었으니 남편을 두지 못할지라 가령 내가 소망이 있다고 말한다든지
오늘 밤에 남편을 두어 아들들을 낳는다 하더라도 너희가 어찌 그들이 자라기
를 기다리겠으며 어찌 남편 없이 지내겠다고 결심하겠느냐 내 딸들아
그렇지 아니하니라 여호와의 손이 나를 치셨으므로 나는 너희로 말미암아
더욱 마음이 아프도다 하매 그들이 소리를 높여 다시 울더니 오르바는 그의
시어머니에게 입 맞추되 룻은 그를 붙좇았더라 나오미가 또 이르되 보라
네 동서는 그의 백성과 그의 신들에게로 돌아가나니 너도 네 동서를 따라
돌아가라 하니 룻이 이르되 내게 어머니를 떠나며 어머니를 따르지 말고
돌아가라 강권하지 마옵소서 어머니께서 가시는 곳에 나도 가고 어머니께서
머무시는 곳에서 나도 머물겠나이다 어머니의 백성이 나의 백성이 되고
어머니의 하나님이 나의 하나님이 되시리니 어머니께서 죽으시는 곳에서 나도
죽어 거기 묻힐 것이라 만일 내가 죽는 일 외에 어머니를 떠나면 여호와께서
내게 벌을 내리시고 더 내리시기를 원하나이다 하는지라 나오미가 룻이
자기와 함께 가기로 굳게 결심함을 보고 그에게 말하기를 그치니라 (룻 1:8-18)

5장 |

은혜로운 말을 하세요

사람은 말을 통해서 의사를 표현합니다.

말을 통해 필요한 것을 요구하기도 하고 말을 통해 감정을 드러내기도 합니다. 그러면서 사람이 하루에 사용하는 단어가 남자는 7천 단어 정도이고 여자는 2만 단어가 된다고 합니다. 여성이 남성보다 3배 이상의 단어를 사용한다는 겁니다.

그런데 말이란 얼마나 많은 단어를 사용하며 얼마나 말을 많이 하느냐가 중요한 것은 아닙니다. 말은 꼭 필요하지만 우리가 일상 중에 겪는 문제를 보면 거의가 다 말 때문에 생기기 때문입니다. 집안 간에 문제도 대부분 말 때문에 일어나고요, 친구 간에 문제도 말 때문에 일어납니다. 그리고 교회에서 일어나는 문제도 대부분 말 때문입니다. 말에 능력이 있기 때문입니다. 말이 얼마나 능력이 있는지 다음의 말들을 들어보시기 바랍니다.

부주의한 말 한마디가 싸움의 불씨가 되고,
잔인한 말 한마디가 삶을 파괴합니다.
쓰디쓴 말 한마디가 증오의 씨를 뿌리고,
무례한 말 한마디가 사랑의 불을 끕니다.
은혜로운 말 한마디가 길을 평탄케 하고,
즐거운 말 한마디가 하루를 빛나게 합니다.
때에 맞는 말 한마디가 긴장을 풀어 주고,
사랑의 말 한마디가 병을 낫게 하고 축복을 줍니다.

이처럼 말에는 좋은 능력이든 좋지 않은 능력이든 그 능력이 나타
납니다. 그러기 때문에 말을 할 때 조심해야 합니다. 그리고 어떤 책을
읽다가 이런 글을 보았습니다.

사람의 얼굴은 간판이고,
눈은 마음의 창이고, 말은 인격의 소리이다

말하는 것을 들어보면 그 사람의 인격도 드러난다는 것입니다. 좋
은 인격을 가진 사람은 좋은 말을 하게 됩니다. 그러나 덜된 인격을 가
진 사람은 자신의 말에 고스란히 자신의 수준과 인격을 담아 거칠고 험
악한 말을 쏟아냅니다. 말을 통해 그 사람의 인격이 나타나기 때문입
니다. 말을 통해 그 사람의 성품도 드러나기 때문입니다. 외모는 세련
되게 보여도 말이 거칠다면 그를 결코 품격 있는 세련된 사람이라 하
지 않습니다.

교양이 있고 없고는 그 사람의 말을 들으면 쉽게 파악할 수 있습니
다. 말이란 마음의 표출이기 때문입니다. 믿음이 있고 없고도 역시 그

사람의 말을 들어보면 쉽게 파악할 수 있습니다. 말이란 마음속의 신앙의 표출이기 때문입니다. 그러기 때문에 말은 조심해서 해야 하고 또 말을 잘 하려고 해야 합니다. 그러기 위해서는 내가 평소 어떤 말을 하고 있는가를 스스로 살펴보아야 합니다. 그리고 보다 나은 말을 하려는 훈련을 해야 하며 생활 속에 주변 사람들에게 보다 나은 말을 잘 하려고 노력해야 합니다. 그래서 말이 바뀌면 생각이 바뀝니다. 말이 바뀌고 생각이 바뀌면 행동이 바뀌지게 되고 말과 생각과 행동이 바뀌지면 운명이 바뀌지게 됩니다. 말에 사람의 운명을 바꾸는 능력이 있기 때문입니다. 그래서 금년 들어 우리교회에서 올해 복을 많이 받으시라고 언어의 능력 시리즈 설교말씀을 나누고 있습니다.

성도 여러분! 은혜로운 말이 도대체 어떤 말일까요?

저는 성경에서 은혜로운 말이 어떤 말씀인가를 찾다가 룻기에서 그것을 발견하였습니다. 룻기를 읽다보면 중심인물로 나오미와 룻이 등장합니다만 나오미는 시어머니이고 룻은 며느리입니다. 시어머니 나오미는 유대인이고 며느리 룻은 모압이라고 하는 이방나라의 여인입니다.

그러니 이 두 사람의 관계는 가깝고도 먼 관계요 속마음을 털어놓고 나누기에는 거리가 있는 사이입니다. 그런데 이들의 관계가 더 어렵게 된 것은 둘 다 남편을 잃은 과부가 되었기 때문입니다. 사연 인즉 이스라엘 땅에 가뭄이 심해지자 나오미가 남편과 두 아들과 함께 모압 땅으로 이민을 떠납니다. 보다 좋은 환경에서 잘 살아보겠다는 마음에서였겠지요. 가뭄이 없는 땅에서 이민 생활을 하면서 두 아들들이 모압 여인들을 만나 가정을 이룹니다. 그러니 그들의 이민생활은 잘 정착하는 듯 했습니다.

그러던 중 가장이던 나오미의 남편이 죽습니다. 그런데 얼마 가지 않아 장가를 들어 살던 두 아들들도 죽습니다. 참으로 이상한 일이지요? 이민생활 10년 만에 나오미의 가정에 남자는 다 죽고 세 과부만 남게 되었습니다. 가세가 기울기 시작하면 이렇게 순식간입니다. 집안이 이렇게 되니 나오미는 더 이상 모압에 살 이유가 없어졌습니다. 그래서 나오미는 모압에 이민 온 것을 후회하며 이제 고국으로 돌아가기 위해 과부된 두 며느리들을 앞혀놓고 대화를 시작합니다.

성도 여러분! 이때, 이 가정의 분위기를 연상해 보시기 바랍니다. 좋은 분위기였을까요? 좋지 않은 분위기였을까요? 시어머니 입장이나 며느리들 입장이나 아주 좋지 않은 분위기였을 것입니다. 그래서 시어머니는 며느리들에게 이렇게 말할 수 있었을 것입니다. 우리 아들들이 재수 없는 너희들을 만나 일찍 죽게 되었다. 서방 잡아먹은 너희들 어서 내 앞에서 떠나거라. 나도 너희들의 이 저주 받은 땅을 떠나리라. 악에 받친 시어머니는 이렇게 막말을 할 수 있는 상황입니다.

그리고 그런 말을 듣던 며느리들은 어떻습니까? 지금 누가 할 소리를 하는 겁니까? 우리가 당신 집안 단명하는 줄도 모르고 시집왔다가 재수 없이 청상 과부되었습니다. 떠나려거든 조용히 떠나세요. 우리도 우리 갈 길 가렵니다. 며느리들 역시 얼마든지 그렇게 말할 수 있을 상황입니다.

그러면 가뭄을 피해 행복하게 살아보겠다고 남편과 두 아들을 데리고 이민 왔다가 남편과 두 아들을 다 잃은 나오미와 남편 하나 보고 결혼했다가 남편을 잃어버린 두 며느리는 이런 상황에서 어떤 대화를 했을지 궁금하시지요? 룻 1:8-12, 16-17에서 그들의 말을 들어보시기 바랍니다.

나오미가 두 며느리에게 이르되

너희는 각기 너희 어머니의 집으로 돌아가라

너희가 죽은 자들과 나를 선대한 것 같이

여호와께서 너희를 선대하시기를 원하며

여호와께서 너희에게 허락하사

각기 남편의 집에서 위로를 받게 하시기를 원하노라

하고 그들에게 입 맞추매 그들이 소리를 높여 울며

나오미에게 이르되 아니니이다

우리는 어머니와 함께 어머니의 백성에게로 돌아가겠나이다

하는지라

나오미가 이르되 내 딸들아 돌아가라

너희가 어찌 나와 함께 가려느냐

내 태중에 너희의 남편 될 아들들이 아직 있느냐

내 딸들아 되돌아가라

그동안 나와 네 신랑들을 위해 너희들이 착한 일 많이 해주어서 고맙다. 나는 갚을 길 없어도 하나님께서 너희에게 복으로 갚아주실 줄 믿는다. 내 딸들아! 이제 친정집으로 돌아가거라. 그리고 기회가 된다면 좋은 신랑 만나 행복하게 잘 살거라. 이때 시어머니의 말을 듣던 룻이 대답합니다.

룻이 이르되

내게 어머니를 떠나며 어머니를 따르지 말고 돌아가라

강권하지 마옵소서

어머니께서 가시는 곳에 나도 가고

어머니께서 머무시는 곳에서 나도 머물겠나이다
어머니의 백성이 나의 백성이 되고
어머니의 하나님이 나의 하나님이 되시리니
어머니께서 죽으시는 곳에서 나도 죽어 거기 묻힐 것이라
만일 내가 죽는 일 외에 어머니를 떠나면
여호와께서 내게 벌을 내리시고 더 내리시기를 원하나이다

어머니 그런 소리 마세요. 제가 어머니를 떠나 어디를 간다는 말입니까? 제 동서는 사정이 있어 친정집으로 가겠다고 하지만 저는 어머니께서 가시는 곳에 따라 갈 것입니다. 그리고 어머니께서 머무시는 곳에서 나도 머물겠습니다. 어머니의 백성이 나의 백성이 될 것이고 어머니의 하나님이 나의 하나님이 되실 것입니다. 그러다가 어머니께서 죽으시는 곳에서 나도 죽어 거기 묻히겠습니다. 홀시어머니와 과부된 며느리 사이에 하는 말이라고는 도저히 믿겨지지 않을 정도로 감동이 되는 대화이지요?

여러분! 바로 이런 말이 은혜로운 말이 아닐까요? 인간적인 감정대로 하는 말이 아니라 상대방을 배려해서 하는 말, 악한 세상 풍조에 휩쓸리는 말이 아니라 정도를 지키는 말이 은혜로운 말입니다. 이렇게 말을 은혜롭게 하는 룻에게 어떤 일이 일어났을까요? 룻이 시어머니를 따라 시댁 이스라엘 땅에 왔을 때의 일입니다. 농사할 땅이 없었던 룻은 땅에 떨어진 이삭을 주우려고 동네 밭에 나갔습니다. 그런데 이삭을 줍던 룻을 본 땅 주인이 그에게 하던 말을 룻2:8-9에서 보시기 바랍니다.

룻은 모압에서 온 낯선 사람입니다. 낯선 사람이 추수하는 농부의 뒤를 따라 다니며 이삭을 줍는다는 것은 귀찮은 일입니다. 그래서 우

리 밭에서 이삭을 줍지 말고 나가라고 할 수도 있는 일입니다. 그런데 이삭을 줍던 룻을 본 그 땅 주인 보아스가 룻에게 무엇이라고 합니까?

> 보아스가 룻에게 이르되 내 딸아 들으라
> 이삭을 주우러 다른 밭으로 가지 말며 여기서 떠나지 말고
> 나의 소녀들과 함께 있으라
> 그들이 베는 밭을 보고 그들을 따르라
> 내가 그 소년들에게 명령하여 너를 건드리지 말라 하였느니라
> 목이 마르거든 그릇에 가서 소년들이 길어 온 것을 마실지니라
> 하는지라

추수를 하던 자기 종들에게 말하기를 곡식을 거둘 때 다 거두지 말고 조금씩 남겨두어 룻이 줍도록 하라 그리고 이 여인을 누구라도 건드리지 말라고 당부합니다. 그리고 룻에게 말하기를 다른 밭에 가지 말고 우리 밭에서 이삭을 주으라 다른 곳에 가지 말고 내 종 소녀들과 함께 있으라 목이 마르거든 물을 달라고 해서 마시라고 말합니다. 여러분! 이것이 은혜로운 말이 아닐까요? 시어머니에게 은혜로운 말을 하던 룻에게 하나님께서 은혜롭게 말하는 보아스를 만나게 해주신 것입니다. 할렐루야!

그러기 때문에 우리도 은혜로운 말을 듣는 복을 받으려면 내가 먼저 주변 사람들에게 평소 은혜로운 말을 하며 살아야 할 줄 믿습니다. 평소 은혜로운 말을 하며 살았던 룻에게 일어난 복된 일은 이것으로 끝나지 않습니다.

마 1:1-6에 보면 예수님의 족보가 소개되는데요, 그 예수님의 족보에 이 룻이라는 사람이 나온다는 것입니다.

아브라함과 다윗의 자손 예수 그리스도의 계보라

아브라함이 이삭을 낳고 이삭은 야곱을 낳고

야곱은 유다와 그의 형제들을 낳고

유다는 다말에게서 베레스와 세라를 낳고

베레스는 헤스론을 낳고 헤스론은 람을 낳고

람은 아미나답을 낳고 아미나답은 나손을 낳고

나손은 살몬을 낳고 살몬은 라합에게서 보아스를 낳고

보아스는 룻에게서 오벳을 낳고 오벳은 이새를 낳고

이새는 다윗 왕을 낳으니라

16절

야곱은 마리아의 남편 요셉을 낳았으니

마리아에게서 그리스도라 칭하는 예수가 나시니라

룻은 나중에 이삭을 줍던 그 땅 주인 보아스와 결혼을 하게 되고 아들을 낳는데 다윗의 할아버지 오벳을 낳습니다. 그래서 룻은 다윗 왕의 증조할머니가 되고 그 후손으로 예수 그리스도께서 태어나심으로 룻은 비록 이방 여인이었고 일찍 과부된 여인이었지만 메시야 예수 그리스도의 조상이 되는 복을 받게 된 것입니다. 말을 은혜롭게 하는 사람을 하나님께서는 이렇게 복을 주심을 믿으시길 소원합니다. 그래서 하나님께서 이 시간 우리에게 엡 4:29을 통해 이런 말씀을 하십니다.

무릇 더러운 말은 너희 입 밖에도 내지 말고

오직 덕을 세우는 데 소용되는 대로 선한 말을 하여

듣는 자들에게 은혜를 끼치게 하라

오직 덕을 세우는 데 소용되는 대로 선한 말을 하고 듣는 사람에게 은혜가 되는 말을 하라 그러려면 어떻게 해야 합니까? 오늘 본문 말씀을 통해 하나님께서 말씀하시기를 더러운 말은 너희 입 밖에도 내지 말라고 하십니다. 이 말씀을 보면 우리가 무심코 하는 말 중에는 더러운 말도 있다는 것입니다.

어떤 말이 더러운 말이지요? 더러운 말이란 "로고스 사프로스(λόγος σαπρός)"인데 풀어서 말하면 수군거리는 말입니다. 어떤 사람에 대한 좋지 않은 이야기를 퍼뜨리는 것을 말합니다. 사실이 아닌 좋지 않는 말을 사실인 것처럼 본인 모르게 남에게 퍼뜨리는 것이 수군거리는 말이고 이런 말이 더러운 말입니다.

요즘은 인터넷 상에서도 이런 수군거리는 말들이 많습니다. 어떤 글을 올리면 거기에 아주 나쁘게 글을 올리는 것 말입니다. 이런 글들을 악글, 악플, 악성댓글이라고 합니다. 이런 것들은 단순한 말장난이 아닙니다. 인격을 모독하는 말이고 심하면 사람까지 죽이는 말입니다. 그래서 하나님께서는 성경을 통해 이런 말을 악한 말이라고 규정하고 이런 말은 버리라고 말씀하십니다.

> 생명을 사랑하고 좋은 날 보기를 원하는 자는
> 혀를 금하여 악한 말을 그치며 그 입술로 거짓을 말하지 말라
> (벧전 3:10)

남을 좋게 말할지언정 남의 말을 나쁘게 하는 악한 말을 버리는 여러분 되시길 소원합니다.

다음으로 우리가 버려야 할 악한 말 "로고스 사프로스(λόγος

σαπρός)"는 이간질 하는 말입니다. 이런 이간질은 마귀의 전형적인 모습입니다. 마귀는 하나 된 사이라도 이간시켜 나뉘도록 합니다. 하나님을 향하는 마음이 나뉘어져 세상을 향하게 만들고 화목한 가정을 나눠지게 만들고 하나된 교회 공동체를 이간질시켜 다투게 만듭니다.

그러나 성령님께서는 나누어진 사이라도 하나되게 하십니다. 예수님은 하나님을 떠난 우리를 하나님과 하나 되게 하시려고 이 세상에 오셨습니다. 그러므로 예수님을 믿는 사람들은 절대로 사람들 사이를 이간질하는 말이나 행동을 하면 안 됩니다.

> 화평케 하는 자는 복이 있나니
> 저희가 하나님의 아들이라 일컬음을 받을 것임이요(마 5:9)

화평케 하는 사람이 하나님의 자녀들입니다. 하나님의 자녀들은 악한 말을 퍼뜨려 이간질하는 사람이 아니라 은혜로운 말을 해서 화평하게 하는 역할을 하는 피스 메이커(Peace Maker)들이 되어야 합니다. 은혜로운 말을 하며 살려면 어떻게 해야 할까요?

마 12:34-35에 보면 이런 말씀이 있습니다.

> 독사의 자식들아 너희는 악하니 어떻게 선한 말을 할 수 있느냐
> 이는 마음에 가득한 것을 입으로 말함이라
> 선한 사람은 그 쌓은 선에서 선한 것을 내고
> 악한 사람은 그 쌓은 악에서 악한 것을 내느니라

그릇을 기울이면 그 그릇 안에 있는 것이 나오듯이 사람의 말도 그

사람의 마음속에 담긴 것이 나오게 되어 있다는 것입니다. 그러기 때문에 우리가 은혜로운 말을 하려면 마음에 무엇으로 채워야 할까요? 은혜로 채워야 합니다. 마음에 은혜를 채우려면 은혜로운 말씀을 많이 읽어야 합니다. 은혜로운 말씀을 많이 들어야 합니다. 읽고 들은 은혜로운 말씀을 주변 사람들에게 자주 해야 합니다. 특히 구역예배나 주일예배를 마치고 교인들이 모여 이야기를 나눌 때 마음에 담은 은혜로운 말씀을 나누려고 해야 합니다.

예배를 마치고 돌아서서 다른 사람의 흉을 보는 말을 하면 안 됩니다. 불평하는 말을 하면 안 됩니다. 그런 말을 누가 꺼내면 "우리 그런 이야기는 그만 하고 은혜가 되는 말을 합시다"라고 해야 합니다. 감사하는 말, 칭찬하는 말, 긍정적인 말, 격려하는 말, 믿음의 말, 살리는 말, 이런 말들이 말하는 나에게도 복이 되는 말입니다. 하나님께서 들으실 때 기뻐하실 말입니다. 당사자가 전해들을 때 힘이 생기는 말입니다. 공동체를 유익하게 하는 말입니다. 은혜로운 말입니다. 이런 은혜로운 말을 많이 하는 사람을 하나님은 축복해주십니다. 이런 은혜로운 말을 많이 하는 사람에게 은혜로운 말을 들으며 사는 복을 주십니다.

세상이 점점 각박해져 가고 있습니다. 말이 거칠어져 가고 있습니다. 이런 시대를 사는 우리에게 하나님께서 말씀하시기를 악한 말을 버리고 덕을 세우는 은혜로운 말을 하며 살라고 하십니다. 은혜로운 성경말씀을 많이 읽고, 은혜로운 설교말씀을 많이 듣고, 읽고 들은 은혜로운 말씀을 주변 사람들에게 자주하며 살라고 하십니다. 그래서 나오미와 룻처럼 하나님께 큰 은혜를 입는 복을 받는 여러분 되시길 주님의 이름으로 축원합니다.

6장

순종하는 말을 하세요

온 땅의 언어가 하나요 말이 하나였더라 이에 그들이 동방으로 옮기다가
시날 평지를 만나 거기 거류하며 서로 말하되 자, 벽돌을 만들어 견고히
굽자 하고 이에 벽돌로 돌을 대신하며 역청으로 진흙을 대신하고 또 말하되 자,
성읍과 탑을 건설하여 그 탑 꼭대기를 하늘에 닿게 하여 우리 이름을 내고
온 지면에 흩어짐을 면하자 하였더니 여호와께서 사람들이 건설하는 그 성읍과
탑을 보려고 내려오셨더라 여호와께서 이르시되 이 무리가 한 족속이요
언어도 하나이므로 이같이 시작하였으니 이 후로는 그 하고자 하는 일을
막을 수 없으리로다 자, 우리가 내려가서 거기서 그들의 언어를 혼잡하게
하여 그들이 서로 알아듣지 못하게 하자 하시고 여호와께서 거기서 그들을
온 지면에 흩으셨으므로 그들이 그 도시를 건설하기를 그쳤더라 그러므로
그 이름을 바벨이라 하니 이는 여호와께서 거기서 온 땅의 언어를 혼잡하게
하셨음이니라 여호와께서 거기서 그들을 온 지면에 흩으셨더라 (창 11:1-9)

6장 |
순종하는 말을 하세요

　　하나님께서 사람을 지으시고 복을 주셨습니다.

　하나님의 형상을 따라 지음을 받는 사람에게 다른 피조물들을 다스리는 복을 주셨습니다. 생육하고 번성하는 복을 주셨습니다. 그리고 또 주신 복이 말을 통해 의사를 소통할 수 있는 언어의 복을 주셨습니다. 그런데 본문 창 11:1에 보면 하나님께서 사람에게 주신 언어는 하나였습니다.

　온 땅의 언어가 하나요 말이 하나였더라

　그래서 온 세상 사람들이 하나의 언어로 같은 말을 하며 살았습니다. 그랬었기 때문에 그 때에는 세상의 모든 사람이 언어 때문에 소통에 문제가 없었습니다.

　그런데 지금은 어떻습니까? 세상에 존재하는 언어가 7000 여개나

되고 그 중에 100만 명 이상의 사람들이 사용하는 언어는 4%이지만 240개 정도나 된다고 합니다. 그러기 때문에 언어가 다른 사람들이 소통을 하려면 자기가 사용하는 언어 외에 소통하고 싶은 사람들이 사용하는 언어를 배워 익혀야 합니다.

국제 사회에서 가장 중요하게 여기는 언어는 영어입니다. 그러기 때문에 우리나라 사람들이 영어를 배우느라 영어권 사람들이 하지 않아도 될 고생들을 너무 많이 하고 있습니다. 학부모님들 역시 자녀들에게 영어 공부를 시키느라 쓰지 않아도 될 돈을 너무나도 많이 쓰고 있습니다. 영어 때문에 진학길이 막히고 영어 때문에 취업 길이 막히고 영어 때문에 인생길이 막혀 고생하는 사람들이 많습니다.

저도 마찬가지입니다. 지금도 영어 때문에 스트레스를 많이 받고 있습니다. 만약 지금도 세상에 사용되는 언어가 처음처럼 하나라면 우리나라 사람들 중에 세계적으로 큰 일 할 사람들이 지금보다 몇 백배 많을 건데 영어 때문에 우리나라 사람들이 국제 사회에 나가면 실력은 있어도 그 실력발휘를 제대로 하지 못하는 경우가 많습니다.

그렇다면 하나의 언어밖에 없던 이 세상에 어쩌다가 이렇게 많은 언어가 생겨나게 되었을까요? 그 이유를 언어학자들이 설명하기를 사람들이 번성해지고 세상 여러 곳에 흩어져 살게 되면서부터 종족과 지역마다 독특한 언어들이 생겨나게 되었다고 합니다.

그러나 그보다 더 근본적인 언어의 역사를 밝혀주는 말씀이 있습니다. 언어가 세상에 많아지게 된 이유가 있습니다. 그것이 본문의 말씀입니다. 앞서 말씀드린 바와 같이 처음에는 언어가 세상에 하나뿐이었습니다. 그래서 사람들이 같은 말로 서로 소통하며 살았습니다. 그런데 7-8절에 보면 세상 언어에 큰 변화가 일어나는 사건이 발생하게 됩니다.

자, 우리가 내려가서
거기서 그들의 언어를 혼잡하게 하여
그들이 서로 알아듣지 못하게 하자 하시고
여호와께서 거기서 그들을 온 지면에 흩으셨으므로
그들이 그 도시를 건설하기를 그쳤더라

"우리가" 천지만물을 지으시던 성삼위 하나님께서 말씀하시기를 "내려가서 그들이 서로 알아듣지 못하게 하자 하시고" 그들의 언어를 혼잡하게 하시니 그들이 더 이상 서로 의사소통을 할 수 없어 흩어지게 되었다는 것입니다. 이것을 보면 세상에 하나였던 언어가 혼잡하게 된 이유는 자연적인 이유가 아니라 하나님께서 언어를 혼잡하게 하셨다는 것입니다.

그러면 하나님께서 사람들이 사용하는 언어를 왜 혼잡하게 하셨을까요? 사람들이 한 언어를 사용하면서 하는 일이 하나님을 대적하는 일을 하였기 때문입니다. 사람을 향한 하나님의 뜻은 생육하고 번성하여 땅에 충만하는 것이었습니다.

하나님이 그들에게 복을 주시며 하나님이 그들에게 이르시되
생육하고 번성하여 땅에 충만하라, 땅을 정복하라(창 1:28)

하나님이 노아와 그 아들들에게 복을 주시며 그들에게 이르시되
생육하고 번성하여 땅에 충만하라(창 9:1)

아르왓 족속과 스말 족속과 하맛 족속을 낳았더니
이 후로 가나안 자손의 족속이 흩어져 나아갔더라(창 10:18)

그러던 사람들이 시날 평지에서 만납니다. 거기서 사람들이 하나님의 뜻과 전혀 다른 일을 하자고 일을 꾸미기 시작합니다. 사람들이 이때 어떤 일을 꾸몄는지 3-4절에 소개됩니다.

서로 말하되
자, 벽돌을 만들어 견고히 굽자 하고
이에 벽돌로 돌을 대신하며 역청으로 진흙을 대신하고
또 말하되
자, 성읍과 탑을 건설하여 그 탑 꼭대기를 하늘에 닿게 하여
우리 이름을 내고 온 지면에 흩어짐을 면하자 하였더니

하나님께서는 사람들이 온 세상에 흩어져 살라고 하셨는데 노아홍수 이후의 사람들은 우리는 흩어지지 말자는 겁니다. 그래서 그들이 말하기를

벽돌로 돌을 대신하고
역청으로 진흙을 대신하여 하늘에 닿도록 탑을 쌓자
그리고 우리의 이름을 내고 흩어짐을 면하자

는 것입니다. 이게 바로 그 유명한 "바벨탑 사건" 입니다. 이런 사람들의 반역행위를 하나님이 모르실리 없지요. 그래서 7-8절에 보니 하나님께서 반응하시기를

자, 우리가 내려가서 거기서 그들의 언어를 혼잡하게 하여

그들이 서로 알아듣지 못하게 하자

고 하십니다. 그래서 하나님께서 당시 하나님의 말씀을 거역하는 사람들을 벌하셨는데 그것이 바로 그들의 언어를 혼잡하게 하신 것입니다. 그러자 사람들이 서로 말을 하는데도 서로 소통이 되지 않습니다. 그래서 그들은 결국은 바벨탑을 쌓던 일을 중단하고 온 지면으로 흩어지게 되었습니다.

이런 일을 통해 우리가 붙잡아야 할 교훈이 있습니다.

그것은 사람은 하나님의 말씀에 순종해 살 때 사람답게 그리고 복되게 살 수 있다는 것입니다. 그래서 하나님께서는 사람들이 어떻게 살아야 할 것을 미리 알려주십니다. 사람을 지으시고 생육하고 번성하며 땅을 정복하며 살라고 하셨습니다. 에덴동산을 만드시고 동산 중앙에 있는 선악을 알게 하는 나무의 실과는 따먹지 말라고 하셨습니다. 노아의 홍수 이후에는 온 땅에 흩어져 살라고 하셨습니다. 이런 말씀들은 사람이 사람답게 살기 위해서 반드시 지켜야할 것들을 미리 알려주신 하나님의 말씀인 것입니다.

그런데 이상한 것은 사람들은 하나님의 이런 말씀을 순종하려 하지 않는다는 것입니다. 그래서 첫 사람 아담과 하와는 따먹지 말라하신 선악과를 따 먹고 말았습니다. 노아 홍수 이후의 사람들은 흩어지지 않기 위해 바벨탑을 쌓았습니다. 그러다가 사람들이 어떻게 되었습니까? 사람이 다른 피조물과 구별되는 유일한 복이었던 하나님의 형상을 잃어버렸습니다. 사람이 살아가기 가장 좋은 환경인 에덴에서 쫓겨나게 되었습니다. 급기야 노아시대에 이르러서는 온 세상이 홍수로 심판을 받았습니다. 그리고 세상에서 가장 타락한 대표적인 도시였던 소돔과 고모라성에 하늘에서 불이 내려와 망했습니다.

그런데도 깨닫지 못한 사람들이 계속해서 하나님의 말씀을 거역하면서 흩어지지 말자고 바벨탑을 쌓다가 언어가 혼잡하게 되는 벌을 받게 되었습니다. 이런 사실들을 볼 때 오늘날 우리들이 겪고 있는 어려운 일들의 근본에는 하나님의 말씀에 순종하지 않은 죄가 있다는 것입니다.

우리가 안고 있는 문제들의 해결을 하려면 어떻게 해야 할까요?

그것은 하나님께 지은 죄의 문제를 해결 받아야 한다는 것입니다. 죄 용서를 받으면 하나님의 형상을 회복하게 됩니다. 쫓겨난 에덴동산에 돌아가게 될 것입니다. 혼잡해진 언어도 본래의 하나였던 언어로 바뀌게 될 줄 믿습니다.

그러면 어떻게 해야 사람이 지은 죄 용서를 받을 수 있을까요? 사람의 방식으로는 죄 용서를 받을 수 없습니다. 사람의 공으로는 죄 용서를 받을 수 없습니다. 사람이 죄를 지었기 때문에 죄 때문에 사람이 제물이 되어 죽어야 하는데 그러면 사람은 살 수 있는 길이 없기 때문에 그런 사람을 하나님께서 살려주시려고 죄 없으신 하나님 예수님께서 이 세상에 사람의 모양으로 오셨습니다. 그리고 죄 없이 오셨고 죄 없이 사신 예수님께서 우리 죄인들이 죽어야 할 죽음을 대신해서 십자가 위에서 죽으심으로 우리의 죄 값을 대신 치러주셨습니다.

그러기 때문에 지금은 누구든지 예수님을 믿기만 하면 하나님의 말씀을 거역한 죄 때문에 잃어버렸던 복을 회복할 수 있는 것입니다. 그래서 예수님을 믿는 우리들은 우리의 조상 아담과 하와가 선악과를 따

먹음으로 잃어버렸던 하나님의 형상을 회복하고 잃어버렸던 영적인 생명을 회복하여 하나님의 자녀로 살고 있는 것입니다.

예수님을 믿어 이런 구원을 받은 우리가 또 한 가지 받아야 할 복이 있습니다. 우리 조상들이 하나님의 말씀을 거역하고 흩어지지 않으려고 바벨탑을 쌓다가 잃어버린 복이 있습니다. 그것은 하나였던 언어였습니다. 사람이면 누구나 한 가지 말을 사용하며 소통하던 그 언어가 하나님의 말씀을 거역하다가 혼잡하게 되어버린 그 언어를 회복하는 것이 구원 받은 우리가 받아야 할 복입니다.

그러면 우리가 어떻게 해야 언어 회복의 복을 받을 수 있을까요? 잃어버린 하나님의 형상을 예수님을 믿어 회복을 했다면 혼잡해져 버린 언어의 회복 역시 예수님을 믿어야 가능합니다. 차이가 있다면 잃어버린 하나님의 형상은 예수님을 믿는 순간에 100% 회복되지만 혼잡해져버린 언어의 회복은 예수님을 믿은 이후 지속적인 훈련과 노력을 통해서 회복되어져 갑니다. 여기서 중요한 것은 혼잡해져 버린 언어의 회복을 위해 우리가 예수님을 믿은 이후에 어떤 지속적인 훈련과 노력을 해야 하는가 하는 것입니다. 그것은 내 마음 속에 예수님의 기운으로 채우는 일입니다.

그 사람이 건강한가는 병원에서 MRI나 CT를 찍어보면 알 수 있듯이 그 사람이 어떤 사람인가를 알려면 그 사람의 속에 어떤 것들이 채워져 있는가를 알면 됩니다. 그런데 하나님을 마음에 두기를 싫어하는 사람들의 마음속에는 어떤 것들로 채워져 있을까요? 롬 1:28-32을 보시기 바랍니다.

또한 그들이 마음에 하나님 두기를 싫어하매
하나님께서 그들을 그 상실한 마음대로 내버려 두사

합당하지 못한 일을 하게 하셨으니
곧 모든 불의, 추악, 탐욕, 악의가 가득한 자요
시기, 살인, 분쟁, 사기, 악독이 가득한 자요

그래서 마 12:34-35에서는 말씀하시기를

독사의 자식들아 너희는 악하니 어떻게 선한 말을 할 수 있느냐
이는 마음에 가득한 것을 입으로 말함이라
선한 사람은 그 쌓은 선에서 선한 것을 내고
악한 사람은 그 쌓은 악에서 악한 것을 내느니라

고 하셨습니다. 그러기 때문에 예수님을 믿어 하나님의 자녀가 된 사람은 가장 먼저 자기 마음속에 있는 것들을 바꾸는 작업을 해야 합니다. 전에 마음속에 가득했던 곧 모든 불의, 추악, 탐욕, 악의, 시기, 살인, 분쟁, 사기, 악독 같은 것들은 내 속에서 비우려고 해야 합니다. 왜냐하면 우리 속에 있는 악한 마음들을 비우지 않으면 결정적인 순간에 나도 망하고 옆에 함께 하는 사람도 망하게 하는 악담이 쏟아져 나오기 때문입니다.

그 대표적인 두 말씀을 소개하지요. 욥 2:9에 보면 까닭 없는 고난을 당하면서도 믿음 지키기 위해 몸부림치던 남편에게 아내가 하는 말이 소개됩니다.

당신이 그래도 자기의 온전함을 굳게 지키느냐
그 정도 되면 차라리 하나님을 욕하고 죽으라

재산 잃고 자식 잃고 건강까지 잃었으면서도 하나님을 찾고 있느냐? 그 정도 되었으면 그런 하나님은 필요 없는 하나님이니 그런 하나님한테는 욕하고 차라리 당신은 죽으라 아내라는 사람이 남편에게 그런 악담을 하고 욥을 떠났습니다. 속에 있는 악한 것을 내버리지 않은 사람은 좋을 때는 믿음 있는 것 같다가도 어려운 일이 생기면 그 속에 있던 악한 모습이 욥의 아내의 경우처럼 악한 말에 담겨 그대로 드러나는 것입니다. 우리가 예수님을 믿고 살면서 욥의 아내 같은 사람이 되면 안 됩니다.

또 한 말씀 삼하 16:7-8을 소개하지요. 이 말씀은 다윗이 자기 아들 압살롬에게 반역을 당해 신발도 챙겨 신을 겨를도 없이 급하게 피난 갈 때 시므이라는 사람이 다윗을 따라가면서 하던 말입니다. 그러면 이 때 시므이가 급하게 피난을 떠나는 다윗에게 무슨 말을 했는지 보시기 바랍니다.

시므이가 저주하는 가운데 이와 같이 말하니라
피를 흘린 자여 사악한 자여 가거라 가거라
사울의 족속의 모든 피를 여호와께서 네게로 돌리셨도다
그를 이어서 네가 왕이 되었으나
여호와께서 나라를 네 아들 압살롬의 손에 넘기셨도다
보라 너는 피를 흘린 자이므로 화를 자초하였느니라 하는지라

급하게 피난을 떠나는 다윗에게 시므이가 무슨 말을 했다고요? 위로의 말을 해야 할 상황에서 시므이는 저주의 말을 퍼붓습니다. 우리가 예수님을 믿고 살면서 욥의 아내 같이 가족에게 악담하는 말을 해서도 안 되고 시므이처럼 어려움을 당한 사람에게 저주하는 말을 하는 사람

이 되면 안 됩니다. 이런 악담이나 저주의 말을 하지 않으려면 어떻게
해야 할까요? 겔 36:26 말씀을 보시기 바랍니다.

> 또 새 영을 너희 속에 두고
> 새 마음을 너희에게 주되
> 너희 육신에서 굳은 마음을 제거하고
> 부드러운 마음을 줄 것이며

무슨 말씀입니까? 예수님을 믿는 사람에게 하나님께서 새 영으로
채워주시고 새 마음이 되게 하셔서 굳은 마음은 제거되고 부드러운 마
음이 되도록 해주시겠다는 것입니다. 그리고 딤후 1:5에서

> 이는 네 속에 거짓이 없는 믿음이 있음을 생각함이라
> 이 믿음은 먼저 네 외조모 로이스와
> 네 어머니 유니게 속에 있더니
> 네 속에도 있는 줄을 확신하노라

는 말씀처럼 우리의 마음속에 거짓 없는 믿음이 채워지도록 해야 합
니다. 그러려면 어떻게 해야 할까요? 겔 36:26의

> 또 새 영을 너희 속에 두고
> 새 마음을 너희에게 주되
> 너희 육신에서 굳은 마음을 제거하고
> 부드러운 마음을 줄 것이며

라는 말씀처럼 우리 속에 새 영이 충만하도록 해야 합니다. 그래서 성령충만을 받게 되면 우리 속에 있던 악하고 굳어진 마음들은 제거 되고 새 영으로 채워지면서 우리의 마음이 부드러운 마음으로 변화될 줄 믿습니다. 다음으로 우리가 힘써야 할 것은 롬 10:17의 말씀처럼

그러므로 믿음은 들음에서 나며
들음은 그리스도의 말씀으로 말미암았느니라

하나님의 말씀을 한 번이라도 더 들으려고 해야 합니다. 하나님의 말씀을 들을 때는 한 마디라도 더 들으려고 집중해서 들어야 합니다. 그러면 우리 마음속에 믿음이 생기고 생긴 믿음은 큰 믿음이 되며 큰 믿음은 우리를 축복의 사람으로 변화시켜줄 것입니다. 성령충만을 받게 되면 언어가 바뀌지는 변화가 나타나게 될 것입니다.

의심하던 말을 자주하던 사람이 믿음의 말을 하기 시작할 것이고 저주의 말을 쉽게 하던 사람이 축복의 말을 하기 시작할 것이며 기를 꺾고 상처를 주는 말을 쉽게 하던 사람이 살리는 말을 자주 하게 될 것입니다. 부정적인 말을 자주 하던 사람이 긍정의 말을 하기 시작하고 덕 있는 말, 은혜의 말을 자주 하는 사람으로 변하게 될 것입니다.

이렇게 말이 바뀌면 사람이 바뀌게 되고 은혜를 받고 사람이 바뀌지면 주변 환경도 바뀌면서 삶의 현장에도 축복받는 모드로 변화가 일어나게 될 것입니다. 그래서 그동안 우리교회에서는 언어의 능력 시리즈 설교말씀을 함께 나누었습니다. 선포된 말씀을 통해 우리교회와 여러분의 가정에 언어가 바뀌는 역사가 일어나길 주님의 이름으로 축원합니다. 여러 언어 중에 우리가 집에서나 교회에서 자주 사용해야 할 복된 말씀들이 있습니다.

사랑합니다.

축복합니다.

반갑습니다.

고맙습니다.

감사합니다.

잘하셨습니다.

수고하셨습니다.

할 수 있습니다.

잘 되고 있습니다.

더 잘 될 줄 믿습니다.

예수님을 믿는 사람들은

1) 말을 해도 기왕이면 이렇게 예쁜 말을 골라 해야 합니다.

2) 같은 말이라도 복이 따르게 말을 해야 합니다.

3) 하나님께서 들어서 기뻐하실 말을 해야 하고

4) 다른 사람이 들어서 위로가 되는 말을 해야 하고

5) 교회 공동체에 유익을 끼치는 말을 해야 합니다.

그러므로

1) 믿음의 말을 합시다.

2) 축복의 말을 합시다.

3) 긍정의 말을 합시다.

4) 살리는 말을 합시다.

5) 은혜의 말을 합시다.

6) 덕스런 말을 합시다.

7) 순종의 말을 합시다.

그래서 여러분의 말대로 하나님께 복을 받는 여러분 되시길 주님의 이름으로 축원합니다.

- Part 2 -

전도의 능력

7장

00+1=100의 비밀

7장 |
00+1=100의 비밀

겨우내 칙칙했던 주변이 개나리와 진달래
그리고 벚꽃들로 무척 아름답습니다.

그런데 오늘 이 자리는 한천로 벚꽃길보다 더 아름다운 것 같습니다. 꽃보다 멋진 여러분들이 여기에 계시기 때문입니다. 오늘 우리교회 예배에 출석하셔서 함께 예배를 드리게 된 형제자매 여러분을 진심으로 환영합니다.

여러분! 길을 가다가 갑자기 화장실에 가야 할 경우가 생기면 급하게 들어갈 곳을 찾기가 쉽지 않지요? 건물이 아무리 많아도 누구나 출입할 수 있도록 개방된 건물은 없기 때문입니다. 그런데 우리교회는 이단이 아니라면 누구든지 출입할 수 있도록 개방하고 있습니다. 화장실도 누구든지 사용할 수 있도록 개방하고 있고 주차장도 누구든지 사용할 수 있도록 개방하고 있습니다. 도서실도 누구든지 사용할 수 있도록 개방하고 있습니다. 매일 새벽기도회에 누구든지 와서 기도할 수 있고요. 예배 시간마다 문 열어놓고 누구든지 와서 예배드릴 수 있습니다.

그런데도 불신자들에게 물어보면 가장 들어가기 어려운 곳이 교회라고 합니다. 맞는 말입니다. 왜냐하면 교회는 하나님께서 인도해 주시는 사람만 출입할 수 있는 곳이기 때문입니다. 그런데 오늘 여러분께서 교회에 오셔서 우리 함께 예배를 드리게 된 것을 보면 하나님께서 여러분을 이곳으로 인도해 주셨기 때문인 줄 믿습니다.

오늘은 제가 여러분에게 두 가지 수학문제를 내드리고 그 문제를 함께 풀어보도록 하겠습니다. 오늘은 예배 중에 수학문제를 푼다고 하니까 여러분 중에 혹시 예배 시간에 수학문제를 푸는 교회는 처음 보았다고 하실지 모르겠습니다. 아마 그럴 것입니다. 왜냐하면 예배 시간에 수학문제를 푸는 교회는 우리 교회 밖에 없기 때문입니다.

그러니까 오늘의 수학문제가 무엇일지 더 궁금하시지요? 그러면 문제를 빨리 내드리지요. 오늘 제가 여러분에게 드리는 두 가지 수학문제는 바로 이것입니다.

1) $100 - 1 = ?$
2) $00 + 1 = ?$

어떻습니까? 수학문제 치고는 너무 쉽지요? 학교 다닐 때 수학공부를 잘한 분들만 여기 모이셨기 때문에 이 정도의 문제는 여러분에게 너무 쉬울 것입니다. 그래서 이 문제의 답이 여러분의 머릿속에 이미 나왔을 것입니다. 그러면 여러분과 함께 문제의 답을 맞추어볼까요?

1) $100 - 1 = ? = 99$

2) 00 + 1 = ? = 1

이렇게 답을 생각하신 분 손 들어 보실까요? 네 거의 다 손을 드셨네요. 맞습니다. 여러분 모두 100점입니다. 그런데 이 두 문제를 사회학적으로 풀 때와 영적으로 풀 때는 답이 다를 수 있습니다. 그러므로 이 문제를 완벽하게 풀려면 먼저 이 문제를 수학적으로 풀어야 하지만 다음 단계로 사회학적으로도 풀어야 하고 영적으로도 풀어야 진짜 완벽한 100점을 받을 수 있습니다. 그러면

1) 100 − 1 = ?

이 문제를 사회학적으로 풀어볼까요?
이 문제를

1) 수학적으로 풀면 → 99 이지만
2) 사회학적으로 풀면 → 100 − 1 = 99가 아니라 0 입니다.

계산법이 다르지요? 그런데 이 문제를 이렇게 사회학적으로 푸는 사람들이 최근 점점 더 많아지고 있습니다. 기업을 하는 사장님들 CEO들이 그렇구요. 서비스 분야, 유통 마케팅 분야, 행정 등 사회 전반에 100 − 1 = 0 라는 이론이 확장되고 있습니다. 그래서 이 계산법에서 나온 여러 구호들이 생겨났습니다.

1) 100% 완벽하게 이룬 것 같아 보이는 것도
   한 가지 실수로 제로가 될 수 있다.

2) 1%의 고객 불만이 100%의 실패를 가져온다.

3) 단 한 번의 불친절한 민원 응대로 인해
그동안 쌓아온 공직 신뢰를 모두 무너뜨린다.

4) 백 번을 잘 하다가도 한 번 잘못하면 꽝이다.

5) 1%가 100%를 좌우한다.

여러분들도 다 아시는 중국 국가주석 시진핑이 중국공산당 중앙정법공작회의 석상에서 100 − 1 = 0 라는 이론을 가지고 이렇게 강조했습니다.

"잘못 처리한 안건 하나가
잘 처리한 안건 99개가 쌓은 좋은 이미지를 일시에 무너뜨린다.
법을 집행하면서 1만분의 1의 실수를 저질렀다고
생각할지 몰라도
당사자인 백성에게는 100분의 100의 상처가 되기 때문이다."

우리가 인생을 살면서도 100 − 1 = 0 이라는 것을 새삼스럽게 느껴질 때가 많습니다. 3-40년 전만 해도 우리나라 사람들이 외제물품을 너무 너무 좋아했습니다. 미제, 일제, 독일제라고 하면 어떤 물건이든 최고로 생각을 했고 그런 물건을 가지고 다니면 주변 사람들이 다들 부러워했습니다. 그러나 지금은 다릅니다. 지금은 제품을 고를 때 미제 일제를 확인하는 것이 아니라 Made in Korea 라는 마크가 있느냐 없느냐를 확인합니다. 그만큼 우리나라 제품의 품질이 좋아졌기 때문입니다.

우리나라 제품이 이렇게 되기까지 두 가지 원인이 작용했습니다.

첫째, 너무나 질이 떨어진 중국제품 때문이고 둘째, 힘쓰고 애써서 생산한 물건이지만 마지막 마감을 잘못하면 어디를 가도 환영을 받지 못한다는 $100 - 1 = 0$ 이라는 원리를 깨달은 우리 기업인들이 우리 제품의 부족한 1%를 보완하려는 노력 때문입니다. $100 - 1 = 1$이 아니라 0 이라는 이 원리는 제품생산에만 적용되는 것이 아니라 우리 개개인 자기 관리에도 대단히 중요합니다. 어떤 사람은 열심히 부지런하게 살아가는데 언제나 어디서나 하는 일마다 2% 부족한 사람이 있고 1%가 부족한 사람이 있습니다. 그런 사람이 과연 누구일까요? 주변을 살펴볼 필요 없습니다.

왜냐하면 우리는 누구나 조금만 고치고 채우면 더 이상 바랄 것이 없을 그런 부족함을 다 가지고 있기 때문입니다.

한 번은 남편 때문에 너무 힘들어하는 어느 분과 상담한 적이 있습니다. "목사님! 남편 때문에 더 이상 살 수가 없습니다. 그래서 이혼까지 생각하고 있고요. 어느 순간에는 극단적인 나쁜 마음까지 들었어요." 저는 그분이 힘들어 하는 말을 들으면서 그 분의 남편이 어떤 사람일까를 생각해 보았습니다. 자기 아내를 이토록 힘들게 하고 가정이 깨질 지경까지 이르게 하는 그 사람은 틀림없이 바람쟁이 아니면 노름꾼 아니면 사기꾼일까? 하지만 그 분에게 남편이 그런 사람이냐고 직접 물을 수 없어서 "남편이 어떤데요?"라고 되물었습니다. 그 분이 분을 삭이며 말을 계속합니다. "그 사람 말입니다. 술만 마시지 않으면 버릴 것이 하나도 없는 사람이예요. 그런데 그 놈의 술 때문에. 그 놈의 술을 끊지 못해 나를 이렇게 힘들게 하는 거예요."

다른 것은 다 좋은데 딱 한 가지 술 때문이라는 겁니다. 요즈음 애들 때문에 힘들어하는 부모님들이 많은데요. 그런 분들을 상담해 보면 자기 아이가 남의 것 훔치거나 크게 나쁜 짓을 해서 힘들다는 부모는 거의 없습니다. "우리 애는요. 건강 하지요. 잘 생겼지요. 성격 좋지요. 다 좋은 아이예요. 그런데 공부에 관심이 없는 거예요. 공부를 조금만 더 집중해서 하면 더 이상 바랄 게 없겠는데 공부에 관심이 없어서 걱정입니다."

무슨 말입니까? 1% 부족한 것이 문제라는 겁니다. 우리 중에 100% 완벽한 사람은 한 사람도 없습니다. 제 아내 보기에 저에게도 1% 부족한 것이 있을 것입니다. 여러분의 사장님 보기에도 직원인 여러분에게 1% 부족한 것이 있을 것이고 여러분의 부모님이 보시기에도 1% 부족한 점이 여러분에게 있을 것입니다.

그러기 때문에 우리가 보다 더 행복한 삶을 살려면 어떻게 해야 하느냐? 내게 부족한 그 1%가 무엇인가를 찾아야 합니다. 그래서 그 부족한 1%를 채우려고 최선을 다해야 합니다. 그러면 여러분과 함께 하는 사람이 행복해질 것이고 여러분 때문에 여러분과 함께 하는 사람이 행복해 하면 여러분도 따라서 행복해질 줄 믿습니다.

오늘의 첫 번째 문제 100 빼기 1은 얼마인가의 문제를

1) 수학적으로 풀면 100 − 1 = 99 였고
2) 사회학적으로 풀면 100 − 1 = 0 이라는 것을 알았습니다.

그러면 이 문제를 영적으로 풀면 어떨까요? 이 문제를 잘 풀려면 이 문제를 풀기 전에 00 + 1 = 얼마인가의 문제를 먼저 풀어야 합니다. 00 + 1 → 이 문제를 수학적으로 풀면? 답은 1입니다. 그런데 이를 영적으로 풀면 00 + 1 = 100 이 됩니다. 여기서 00 이란 영적으로 볼 때 우리 각자 나의 점수를 말합니다. 여러분은 여러분의 배우자가 볼 때 몇 점짜리 배우자라고 생각하십니까? 저는 제 아내가 낙제점은 면하도록

60점은 줄 것으로 생각합니다. 그러나 실제로는 아마 100점은 아니어도 90점은 주지 않을까요? 제가 집에서 나름대로 상당히 잘하거든요.

여러분은 여러분의 자녀가 볼 때 몇 점짜리 부모라고 생각하십니까? 여러분은 여러분의 사장님 상사가 볼 때 몇 점짜리 직원이라고 생각하십니까? 아마 여러분은 95점짜리 아내, 96점짜리 남편, 97점짜리 부모, 98점짜리 직원이라고 생각할 것입니다. 그러기를 바랍니다. 그렇다면 하나님께서 보시는 우리 사람은 몇 점짜리나 될까요?

그 점수를 알려면 내가 스스로 평가하는 그런 점수가 아니라 하나님께서 사람을 평가하시는 말씀을 통해서 점검해 보아야 합니다. 하나님께서 사람을 평가하시는 말씀이 롬 5:12 말씀과 롬 3:10-12 말씀인데 한 번 보시기 바랍니다.

> 그러므로 한 사람으로 말미암아 죄가 세상에 들어오고
> 죄로 말미암아 사망이 들어왔나니
> 이와 같이 모든 사람이 죄를 지었으므로
> 사망이 모든 사람에게 이르렀느니라
> 기록된 바 의인은 없나니 하나도 없으며
> 깨닫는 자도 없고 하나님을 찾는 자도 없고
> 다 치우쳐 함께 무익하게 되고
> 선을 행하는 자는 없나니 하나도 없도다

이 말씀을 통해서 하나님께서 보시는 사람은 죄를 지은 죄인입니다. 영적으로 무지한 소경입니다. 선을 행 할 수 없는 악인입니다. 그래서 이렇게 죄를 지었고 영적으로 죽어 있고 그래서 영적으로 소경이며 선을 행할 수도 없는 사람의 점수는 하나님 보시기에 0점, 빵점입니다.

'00 + 1 = ?' 의 "00"이 바로 그런 사람의 점수를 나타내는 것입니다. 하나님이 보시기에 사람의 점수는 몇 점이라고요? 빵점, 빵–빵점입니다. 그러기 때문에 사람이 하나님께서 주신 생명을 가지고 하나님께서 지으신 땅에서 나는 음식을 먹고 살면서도 자기를 지으신 주인이 누구인지도 모르고 삽니다. 하루하루 누구 덕에 살고 있는지도 모르고 삽니다. 더 안타까운 것은 사람이 죄를 안고 지옥행 열차를 타고 인생길을 달려가면서도 인생의 종착역이 어딘지도 모르고 살고 있습니다. 죄인이기 때문에 저주 아래서 마귀의 종 된 생활을 하면서도 생각하기를 자기 주관을 가지고 인생을 산다고 착각합니다.

한 번 밖에 살 수 없는 인생을 이렇게 살다가 죽어 지옥에 가는 사람은 정말 불행한 사람입니다.

이 세상 어느 누구 부럽지 않게 많은 돈을 가지고 살아도 인생을 이렇게 사는 사람은 참으로 불쌍한 인생입니다. 우리를 지으신 하나님께서도 우리가 이렇게 비참하게 불행하게 사는 것을 원하지 않으십니다. 그래서 하나님께서 빵점짜리 인생이라도 백점짜리 인생을 사는 비밀을 알려주셨습니다. 할렐루야!

그 비밀이 무엇일까요? 타고난 배경도 없고 백도 없고 배운 것, 갖춘 것 가진 것도 변변치 못해 빵점짜리 인생이라고 생각하며 사는 분이라도 이 말씀을 잘 들으시고 말씀대로 살기만 하면 100점짜리 인생을 살아갈 줄 믿으시길 소원합니다. 이 비밀의 말씀을 잘 들으시고 100점짜리 인생을 살아가시길 주님의 이름으로 축원합니다. 말씀을 듣고 100점짜리 인생을 시작하십시오. 빵점짜리 인생이라도 100점짜리 인생을 살 수 있게 하는 이 진리를 밝혀주는 아주 중요한 성경말씀이 있습니다. 그것이 바로 오늘 본문.말씀인 요 3:16 말씀입니다.

하나님이 세상을 이처럼 사랑하사 독생자를 주셨으니
이는 그를 믿는 자마다 멸망하지 않고 영생을 얻게 하려 하심이라

이 말씀이 무슨 말씀입니까? 이 세상 사람들은 누구나 죄인이기 때문에 결국은 지옥에 가서 멸망을 당할 수밖에 없는 빵점짜리 인생들입니다. 그래도 우리를 지으신 하나님께서는 우리를 사랑하셔서 죄인이 안고 있으면서도 스스로 해결하지 못하는 죄의 문제를 해결해 주시려고 하나님께서 하나뿐인 독생자 아들 예수님을 이 세상에 보내주셨습니다. 그리고 우리를 대신해서 십자가에 죽게 하셨습니다. 그리고 누구라도 십자가에 죽으신 이 예수님을 믿기만 하면 죄를 용서해주시고, 하나님의 자녀로 삼으셔서 멸망하지 않고 하나님과 함께 영생복락을 누릴 수 있는 복을 주십니다. 할렐루야!

이 진리를 알려주는 말씀이 요 3:16 말씀이고 이런 진리를 하나의 공식으로 표현한 것이 00 + 1 = 100 입니다. 그래서 이 공식을 하나님의 말씀으로 풀이하면 이렇습니다.

00 : 어떤 죄인이라도
+1 : 한 분이신 독생자 예수님을 믿으면
100 : 멸망하지 않고 구원을 받을 수 있다는 겁니다.

그렇습니다. 죄인이 하나님께 용서를 받고 구원을 받는 방법은 어렵지도 않고 복잡하지도 않습니다. 누구든지 마음을 열고 예수님을 주님으로 영접하고 믿기만 하면 됩니다. 여러분 중에 아직 구원을 받지 못한 분이 계시다면 바로 이 시간 예수님을 영접하고 구원을 받을 수 있습니다. 예수님을 영접하는 방법은 각자 내 마음의 문을 예수님께 열

고 예수님을 마음속에 모시는 기도를 이렇게 하면 됩니다.

My father in heaven	하늘에 계신 아버지
I'm a sinner	저는 죄인입니다.
Please forgive me my sins	저의 죄를 사하여 주옵소서.
Now I confess	저는 지금 고백합니다.
"Jesus is my Lord"	예수님은 나의 주님이십니다.
My Lord, Jesus Christ	저의 주님, 예수 그리스도께서
Thank you for saving me	십자가에 흘리신 당신의 보혈로
by your blood on the cross	저를 구원해 주시니 감사합니다.
Now I know the truth	저는 이 진리를 알고 믿습니다.
From now on	이제부터 영원히
I will follow you	저는 주님만을 따르겠습니다.
I'm opening my door	제 마음의 문을 엽니다.
Please come into me	제 안에 들어오셔서
and changing me as you like	저를 변화시켜 주님을 닮게 하여
in the name of Jesus	주세요. 예수님의 이름으로
Amen!	기도합니다. 아멘!

　여러분께서 진정으로 이렇게 기도하셨다면 하나님은 여러분의 죄를 용서해 주신 줄 믿습니다. 죄 용서를 받은 여러분은 이제 하나님의 자녀가 되었습니다. 이제 여러분은 하나님의 품 안에 살기 시작하였습니다. 이제 하나님께서 여러분에게 천사를 보내 여러분을 지키게 하실 줄 믿습니다. 이제 여러분이 예수님의 이름으로 기도하면 하나님께서 여러분의 기도에 응답해 주실 줄 믿습니다. 여러분의 영혼은 이제 살아

났고 여러분이 이 세상에서 죽을지라도 영혼은 죽지 않고 하나님이 계시는 천국에 가서 영생복락을 누리게 될 줄 믿습니다.

자, 이제 마지막 문제 100 − 1 = ? 를 풀어보지요.

이를 먼저

1) 수학적으로 풀면 → 100 − 1 = 99입니다.

　그러나 이를

2) 영적으로 풀면 → 100 − 1 = 0입니다.

무슨 말일까요? 여기서 말하는 100은

(1) 완벽한 나입니다.

(2) 부족함이 없는 나입니다.

(3) 갖추어야 할 것을 다 갖춘 완벽한 나입니다.

(4) 누구의 도움을 받지 않아도 얼마든지 걱정 없이 살 수 있는
　　나입니다.

그리고 100 − 1의 1은

(1) 한 분뿐이신 하나님이십니다.

(2) 한 분뿐이신 독생자 예수님이십니다.

(3) 한 분이신 성령님이십니다.

(4) 삼위일체 되시는 하나님이시지요.

그런데 100에서 1을 뺀다는 것은 나의 삶 속에서 하나님을 제거하

는 것을 말합니다. 하나님을 떠나 산다는 것입니다. 그러면 어떻게 된다고요? 마 16:26을 보시기 바랍니다.

사람이 만일 온 천하를 얻고도 제 목숨을
잃으면 무엇이 유익하리요
사람이 무엇을 주고 제 목숨과 바꾸겠느냐?

아무리 완벽한 사람, 아무리 부족한 것이 없는 사람이라도 하나님을 떠나면 완벽했던 것에서 조금 부족한 99가 되는 것이 아니라 100 − 1 = 0, 제로라는 것입니다. 그러기 때문에 사람이라면 인생을 어떻게 살아야 합니까?

내 안에 거하라 나도 너희 안에 거하리라
가지가 포도나무에 붙어 있지 아니하면
스스로 열매를 맺을 수 없음 같이
너희도 내 안에 있지 아니하면 그러하리라
나는 포도나무요 너희는 가지라
그가 내 안에, 내가 그 안에 거하면 사람이 열매를 많이 맺나니
나를 떠나서는 너희가 아무 것도 할 수 없음이라(요 15:4,5)

예수님 때문에 구원 받은 우리들은 예수님 안에 거해야 한다는 말씀입니다. 비유하자면 예수님은 포도나무이시고 우리는 가지와 같으니 우리가 열매를 많이 맺는 풍성한 삶을 원한다면 포도나무를 떠나 사는 가지가 되지 말고 포도나무에 붙어살라는 것입니다. 그러면 가지가 포도나무의 진액을 공급받으며 꽃이 피어야 할 때에 꽃이 피고 열매가

맺어야 할 때 열매가 맺는 가지가 될 것이라는 것입니다. 그렇습니다. 예수님을 믿어 죄 용서를 받았고 예수님을 믿어 하나님의 자녀가 되는 구원을 받은 우리는 이제부터 예수님 안에 거해야 합니다.

　예수님 안에 산다는 것은 일요일은 노는 날이 아니라 하나님께 예배드리며 하나님께서 주시는 복을 받는 날로 알고 교회에 나와 예배드리며 사는 것을 말합니다. 이제부터는 내 마음대로 살지 않고 하나님의 말씀인 성경말씀을 읽고 들으며 성경말씀에 순종해서 사는 것을 말합니다. 하나님께서 성경을 통해 하라고 하시는 말씀은 하기 싫고 힘들어도 하려고 최선을 다하고, 하지 말라고 하시는 말씀은 아무리 좋아도 하지 않으려고 하는 것이 주 안에 사는 것입니다. 왜냐하면 마 7:21의 말씀처럼

　　나더러 주여 주여 하는 자마다 다 천국에 들어갈 것이 아니요
　　다만 하늘에 계신 내 아버지의 뜻대로 행하는 자라야 들어가리라

　천국은 말로만 주여 주여 한다고 들어가는 것이 아니라 하나님의 말씀대로 사는 사람들이 갈 수 있기 때문입니다. 이제까지는 다 내 마음대로 내 기분대로 살아왔는데 예수님을 믿고 나서 내 생각 내 기분대로가 아니라 하나님의 말씀대로 살기가 쉽지 않을 것입니다. 그러나 이왕 예수님을 믿을 바에는 제대로 믿겠다고 결심하고 말씀대로 순종하려고 하면 하나님께서 도와주실 줄 믿습니다.

　오늘 여러분과 나눈 두 가지 문제
　100-1=0
　100% 성공한 인생도 하나님 없으면 아무 것도 아닙니다.

0+1= 100

아무것도 없을지라도 예수님 한 분이면 충분합니다.

그렇습니다. 아무리 100 점짜리 사람이라도 하나님을 떠나 살면 빵
점 인생이 되지만 아무리 빵점짜리 인생같이 생각되는 사람이라도 한
분뿐이신 구원자 예수님을 믿기만 하면 100점짜리 인생을 살 수 있습
니다. 할렐루야!

여러분 모두 이런 복을 받아 누리는 행복자들이 다 되시길 주님의
이름으로 축원합니다.

8장

3실과 3생

8장 |
3실(三實)과 삼생(三生)

우리 모두는 금년 들어 어쩌면 죽을 때까지
잊지 못할 큰일들을 겪으며 살고 있습니다.

3개월 전에 발생한 세월호 침몰 사고와 지난달에 일어난 총기난사
사건 말입니다. 세월호 침몰 사고로 막 자라는 새싹과 같은 어린 학생
들과 어른들 소중한 우리 이웃 300여명이나 한꺼번에 희생당했습니다.
총기 난사 사건으로 적군으로부터 우리나라를 지키겠다고 군에 간 한
창 나이의 우리 아들들이 동료의 총에 맞아 부상을 당하고 죽임을 당
했습니다.

이런 일을 저도 보았고 여러분들도 보았습니다. 사랑하는 성도 여러
분! 새가족여러분! 여러분은 이런 일들을 보고 들으시면서 어떤 생각이
드시던가요? 이번 일들을 보는 여러분들은 누구나 너무나도 안타깝고,
너무나도 어이없고, 너무나도 가슴 아픈 일이라고 느꼈을 것입니다.

그리고 일어난 사건 사고를 처리하는 과정들을 보면서 우리나라가

정치도 바뀌져야 하고 공무원들의 자세도 바뀌져야 하고 군인들도 바뀌져야지 더 이상 이대로 가서는 안 되겠다는 생각을 했을 것입니다. 그래서 정부에서도 세월호 참사가 일어난 이후 대통령이 나서서 눈물을 흘리며 국민 앞에 사과했습니다.

그리고 다짐하기를 조직을 개편하고, 관피아와 같은 부패가 일어나지 않도록 공직 개혁을 실시하며, 안전 강화해서 다시는 이런 일이 일어나지 않도록 하겠다고 하였습니다. 그렇다고 그런 약속이 지켜지던가요? 약속대로 변화가 일어나고 말대로 개혁이 일어나던가요?

세월호 사건 이후에도 우리 사회에 사건 사고는 계속 일어나고 있습니다. 세월호 사고 이후 대통령의 눈물의 사과와 개혁 다짐을 한지 2달도 되지 않아 임병장 총기사고가 일어났습니다. 그 총기난사사고 이후 군에서 대처하는 모습을 보셨지요? 세월호 사고가 일어난 이후 해경이 우왕좌왕하며 배가 가라앉는 것을 보면서도 보고만 있던 그런 모습이나 서로 총을 쏘면서도 누가 누구를 향해 총을 쏘는지도 모르고 대역을 동원해 가짜 임병장을 내세워 국민들의 눈을 속이려는 군 당국이나 전혀 다르지 않았습니다.

변화되기는커녕 우리나라 군대까지 우왕좌왕하며 무언가 계속 숨기려는 모습을 보면서 우리들은 세월호 사고 때보다 더 실망을 했습니다. 우리가 왜 그럴까요? 그것이 우리가 안고 있는 아주 잘못된 문화입니다. 누가 대통령을 하고, 어느 당이 정권을 잡든 마찬가지일 것입니다.

그렇다고 실망할 필요는 없습니다. 너무 갑자기 큰 변화를 한꺼번에 기대하지 말고 우리가 기도하며 기다리다 보면 정부나 군대나 이런 시행착오를 거듭하면서 점점 좋은 나라 점점 성숙한 군대로 변화되어 갈 줄 믿습니다. 그렇게 기대를 하되 이런 사건·사고들을 보면서 저와 여러분이 꼭 깨달아야 하고 꼭 붙잡아야 할 아주 중요한 것이 있습니다.

그것이 무엇일까요? 그것은 사람이 바뀌고, 제도가 바뀌어도 절대로 바뀌지 않는 사실, 3실(三實)이 있다는 사실입니다.

3실 중 첫째 사실은 사람은 누구나 죽는다는 것입니다. 세상에 죽고 싶어 하는 사람은 아무도 없습니다. 신선을 공부하던 노자도 죽었습니다. 불사약을 구하던 진시황도 죽었습니다. 내 사전에 불가능이라는 글자를 빼어 버리라던 나폴레옹도 죽었고 세계를 다 정복하고 난 다음 내가 더 이상 정복할 땅이 없다고 통곡했던 알렉산더 대왕도 죽었습니다.

우리나라 사람들 중에서도 보세요. 죽음이 가난한 사람에게만 찾아오던가요? 그래서 가난한 사람은 죽지만 돈이 많은 사람은 죽지 않던가요? 그렇지 않습니다. 사업에 성공하여 세계적인 그룹을 이루었던 재벌 삼성의 이병철 회장도 죽었고, 현대의 정주영 회장도 죽었습니다. 그런 것을 보면 죽음이란 빈부에 상관없이 모든 사람에게 찾아온다는 것을 알 수 있습니다.

그러면 죽음이란 권력도 없는 평민들에게만 찾아가던가요? 그래서 권력자들은 죽지 않고 계속 살던가요? 그렇지 않습니다. 김구 선생도 죽었고, 안창호 선생도 죽었고 이승만 김대중 노무현 대통령도 죽었습니다. 그렇다면 우리 각자 나는 어떨까요? 여러분은 죽지 않고 계속 살 수 있을 것이라고 생각하세요? 그러기를 바랍니다만 그럴 수 없는 것이 인간입니다.

저는 1년에 결혼식 주례만 해도 20여 차례 합니다. 장례식도 역시 1년에도 20여 차례 집례합니다. 지난 토요일에는 새벽에 장례식을 치르고 오전에 목사 위임식 은퇴식 순서를 맡고 오후에 결혼식 주례를 하고 저녁에 또 결혼식 주례를 했습니다. 이렇게 하루에 생노병사 희노애락의 대사들을 경험할 때가 있습니다. 그런데 특히 장례식 때에는 어느 집 장례든 유가족들과 조문객들에게 꼭 강조하는 말이 있습니다. 우리도 초상집의 주인공 될 날이 멀지 않았다고 말입니다. '우리도 초상집의 주인공 될 날이 멀지 않았다.' 성도 여러분! 이 말이 여러분에게 어떻게 들리십니까? 나는 인정하고 싶지 않지만 인정할 수밖에 없는 말이 '나도 초상집의 주인공 될 날이 멀지 않았다'는 말입니다. 사람으로서 이 사실을 인정하고 사는 것이 복된 인생을 살 수 있는 지혜인 줄 믿으시길 소원합니다.

다음으로 우리가 알고 인정해야 할 3실 중 두 번째 사실은 나에게 찾아오는 죽음은 절대로 순서를 가리지 않고 찾아온다는 것입니다. 이 말은 죽음이 집안에 나이 따라 오는 것이 아니라는 것입니다. 죽음을 피할 수 없는 일이라면 집안에서 순서 따라 죽음을 맞이하는 것이 가장 좋습니다. 할아버지가 먼저 죽으시고, 그 다음에 할머니 죽으시고, 그리고 나서 아버지 죽으시고 그 다음에 어머니 죽으시고 그 후에 자식 죽고 그 후에 손자 손녀가 죽는 것이 좋습니다.

그러나 사람이 세상에 태어날 때는 순서 따라 태어나지만 죽음은 순서에 상관없이 찾아옵니다. 세월호 사고의 희생자 유가족의 대부분이 누구입니까? 이제 고등학교에 다니던 학생들의 부모들이잖아요. 이번 총기 사고로 희생된 사람의 유가족이 누구입니까? 20대, 30대 초반의 아들을 둔 부모들입니다. 이 부모들 중 어느 누가 고등학교에 다니는 자식이 자기 앞에 가리라고 상상이나 했겠습니까? 아들을 군에 보낸 부모들 중 어느 누가 자식이 군에 가서 아군의 총에 맞아 죽음을 당할 줄 상상이나 했겠습니까? 그러나 죽음은 야속하게도 그들에게 그렇게 찾아간 겁니다.

죽음은 순서를 가리지 않고 찾아옵니다. 그러기 때문에 내가 이 땅에 천년만년 살 것처럼 착각하며 살지 말고 이 죽음이 언제 어디서든지 나에게도 찾아올 수 있다는 것을 인정하며 살아가는 여러분 되시길 소원합니다.

　다음으로 우리가 알고 인정해야 할 3실 중 세 번째 사실은 사람이 죽는다고 해도 죽는다고 모든 것이 다 끝장나는 것이 아니라 죽은 이후에 시작되는 새로운 세계가 있다는 것입니다. 그 죽음 이후에 시작되는 새로운 세계를 일반적인 용어로 내세라고 합니다. 사람이 죽으면 내세가 시작된다고 하면 어떤 사람은 말하기를 죽으면 모든 것이 끝나는 것이지 내세가 어디 있느냐고 반문합니다. 그러나 그렇게 말하는 사람의 가슴 깊은 곳에도 다음 세계가 있다는 것을 인정하는 마음이 있습니다. 그 증거로 다음의 글들을 보시기 바랍니다.

　왕따 없는 세상에서 편히 잘 살 거라

친구들에게 폭행을 당해 죽은 아이의 빈소에 적힌 글입니다.

　공부 없는 곳에서 살고 싶어요

학교 시험 성적 때문에 자살한 아이가 남긴 유서의 내용입니다.

　사랑하는 아들딸들아.. 그곳에서 편히 쉬시길..
　영원히 잊지 않을께요.
　먼저 떠난 이들에게 하늘에서 만큼은 이곳보다 따뜻하길....
　지켜주지 못해 미안하다 부디 편안한 곳에서 행복하게 있어줘~
　그곳에서는 아파하지마...미안하다..

세월호 사고 이후 희생자를 기리는 노란 리본에 적힌 글들입니다.

이 글들이 말하는 공통된 내용이 있지요? 죽음 이후의 세상이 있다는 것입니다. 지금까지 드린 말씀을 정리합니다. 사람들이 반드시 인정해야 할 세가지 사실 3실(三實)이 있는데, 첫째 사실이 사람은 영원히 사는 존재가 아니라 반드시 죽는다는 것입니다. 둘째 사실이 사람은 반드시 죽는데 그 죽음은 순서 없이 죽는다는 것입니다. 셋째 사실이 사람은 죽으면 내세에 들어가게 된다는 것입니다. 그럼 사람이 죽은 이후에 가게 된다는 내세는 어떤 곳입니까? 이것을 알려면 사람에게는 3생이라는 것이 있다는 것을 알아야 합니다.

3생(三生)이 무엇인가?

첫 번째 생은 엄마의 뱃속에서 시작하는 태생입니다. 그 태생의 기간은 10개월입니다. 사람은 누구나 이 첫 생 태생을 거쳐 태어났습니다.

두 번째 생은 출생해서 죽을 때까지 이 세상살이를 하는 동안의 일생입니다. 이 일생은 한 번 주어진 삶입니다. 그래서 사람의 이 세상살이를 일생이라고 하는 것입니다. 그런데 이 일생의 기간은 사람마다 다 다릅니다. 상대적으로 남보다 짧은 일생을 보내는 사람이 있고 상대적으로 남보다 좀 더 긴 일생을 보내는 사람이 있습니다.

그런데 중요한 것은 사람의 일생은 120년으로 제한되어 있다는 것입니다. 그래서 이 세상에 태어난 사람 중에 죽지 않고 계속 살고 있는 사람이 없는 것입니다. 이 세상에 태어난 사람들 중에 지금 이 지구에 없는 사람은 이미 그의 일생을 마쳤기 때문에 죽어서 없는 것이고, 지금 아직도 살아 있는 사람들은 죽음의 때가 아직 안 되어 그 죽음의 때를 기다리고 있는 시한부 인생들입니다.

세 번째 생은 죽은 이후에 시작되는 새로운 삶이 있다는 것입니다. 그렇다면 그곳 내세는 어떤 곳일까요? 사람이 죽은 후에 들어가 지내게 될 내세는 두 곳이 있습니다. 한 곳은 들어가서 편히 쉬는 곳이고 다른 한 곳은 들어가서 벌 받는 곳입니다.

이 둘 중에 사람이 죽은 이후에 들어가서 편히 쉬는 그곳을 어떤 사람은 낙원이라고 합니다. 어떤 사람은 천당이라고 합니다. 어떤 사람은 천국이라고 합니다. 그리고 들어가서 벌 받는 곳을 어떤 사람들은 불구덩이라고 합니다. 어떤 사람은 불못이라고 합니다. 어떤 사람은 지옥이라고 합니다.

사람은 죽으면 누구나 이 둘 중에 한 곳에 들어가서 살게 됩니다. 지옥에 들어가 벌 받으며 살든지 아니면 천국에 들어가서 복락을 누리며 살든지 할 것입니다. 그런데 내세의 삶이 태생이나 일생의 삶과 다른 점이 있다면 사람이 죽은 이후에 들어가 살게 되는 그 삶은 10개월 살다 나오는 태생과 같지 않고 120년을 전후로 한 번 사는 것으로 끝나는 것이 아니라 영원토록 산다는 것입니다. 그래서 사람이 죽은 이후에 내세에서 누리는 세번째 삶을 영생이라고 합니다.

다시 정리하면 사람은 세 가지 생을 사는데 어머니 뱃속에서 시작하는 태생이 있고, 출생한 이후 죽을 때까지의 삶인 일생이 있고, 죽은 이후 들어가서 영원히 살게 될 영생이 있습니다. 그렇게 볼 때 여러분은 이 3생 중에 지금 어떤 생에 머물고 있는 사람들이라고 생각하십니까? 저나 여러분이나 모두 태생의 기간을 거쳐 지금 일생을 살아가고 있는 사람들입니다. 뿐만 아니라 우리는 일생이 마치는 날 시작될 영생을 준비하며 살아야 할 사람들입니다. 그렇다면 여러분 생각해 보시기 바랍니다. 우리가 죽은 이후에 영생을 누리되 어떤 영생을 누리며 살아야 합니까?

'죽은 이후에 지옥에 들어가세요'하면 다들 싫어합니다. 좋아할 사람은 아무도 없습니다. 그런데 '죽은 이후에 천국에 가서 영생복락을 누리세요'하면 다 좋아합니다. 천국을 가기 싫다고 하는 사람 없습니다. 믿는 사람이든 믿지 않는 사람이든 지옥은 가기 싫고 천국은 가고 싶어합니다.

그렇습니다. 지금은 우리가 태생을 거쳐 지금 일생을 살고 있지만 죽은 이후에 영생을 해도 지옥에 들어가서 영벌을 받으며 영생하면 안 되고 천국에 들어가 복락을 누리며 영생을 해야 할 줄 믿습니다. 여러분 모두 그런 복을 받아 누리시길 주님의 이름으로 축원합니다.

그러려면 우리가 어떻게 해야 할까요? 사람들은 누구나 천당에는 들어가고 싶고 지옥에는 가고 싶지 않으면서도 어떻게 해야 지옥에 가지 않고 천당 천국에 들어가는가에 대해서는 정확하게 모릅니다. 알려고 하지도 않습니다.

나름대로 생각하기를 '나처럼만 살면 천국에 들어갈 수 있을 거야'라고 생각합니다. 그랬으면 얼마나 좋겠습니까마는 천국이라는 곳은 그렇게 자기 마음대로 자기 기준으로 들어갈 수 있는 곳이 아닙니다.

두 시간짜리 영화를 보려고 해도 극장 주인이 정한 법대로 극장 입장표를 가진 자만 들여보내는데 사람이 죽은 이후에 들어가서 영원히 살 곳을 아무나 들여보낼 리가 없습니다. 야구장에 들어가려면 야구장 입장표를 구입해서 들어가야 하고 극장에 들어가려면 극장표를 준비해야 하듯이 천국에 들어가려면 천국 주인이 정한 기준을 갖추어야 합니다.

천국의 주인은 하나님이십니다. 그러면 천국의 주인이신 하나님께서 사람이 어떻게 해야 천국에 들어갈 수 있다고 말씀하십니까?

하나님이 세상을 이처럼 사랑하사 독생자를 주셨으니
이는 그를 믿는 자마다 멸망하지 않고 영생을 얻게 하려 하심이라
(요 3:16)

하나님께서 사람들을 천국에 들어가게 하시려고 하신 일이 있는데 독생자 예수님을 이 세상에 보내셨다는 것입니다. 그래서 예수님께서 이 세상에 오셔서 사람들의 죄를 짊어지시고 십자가에 대신 죽임을 당하셨습니다. 그러기 때문에 요 14:6의 말씀처럼

예수께서 이르시되 내가 곧 길이요 진리요 생명이니
나로 말미암지 않고는 아버지께로 올 자가 없느니라

우리가 천국에 갈 수 있는 유일한 길은 예수님이시고 우리가 영생을 가지고 복락을 누릴 수 있는 길도 예수님 뿐이십니다. 그러니 우리가 해야 할 일은 오직 한 가지

주 예수를 믿으라(행 16:31)

는 것입니다. 예수님을 믿는다는 것은 내가 마음의 문을 열고 예수님을 마음에 모시고 인격적으로 만나는 것을 말합니다. 사람이 예수님을 마음속에 모시고 만나는 것이 예수님을 믿는 것입니다.
사람이 이 세상을 살아감에 있어서 정말 중요한 것이 만남입니다. 어떤 부모를 만나느냐에 따라 가정이 결정되고, 어떤 배우자를 만나느냐에 따라 행복이 결정된다고 하지요? 그런데 외국생활을 하는 분들에게도 만남이 정말 중요하다는 것을 저도 느꼈습니다.

제가 선교를 하느라 외국에서 8년을 살면서 보니 이민 오는 교민들이 공항에서 누구를 만나느냐에 따라 이민생활의 모습이 달라지더라고요. 이민 오는 공항에서 토마토 농장하는 사람을 만난 사람을 보니까 그 사람도 나중에 토마토 농장을 하고, 청소하는 사람을 만난 사람을 보니까 결국 그 사람도 이민생활을 청소하는 것을 직업 삼아 지내고, 공항에서 골프 좋아하는 사람을 만난 사람은 나중에 보니까 골프하며 지내는 것을 여러 번 보았습니다. 사람이 누구를 만나느냐는 것이 그래서 중요하다고 하는 것입니다. 그래서 우리 조상들이 자식들을 지도하면서 늘 당부하시던 말씀이 친구 잘 사귀어야 한다고 하신 겁니다.

성도 여러분! 새가족 여러분! 여러분도 지금까지 일생을 살아오시면서 여러 사람들을 만났을 것입니다. 그런 과거의 여러 만남보다 더 중요한 만남이 오늘 저와 여러분의 만남이 될 줄 믿습니다. 여러분들을 이곳으로 인도한 사람과의 만남이 지난 날 여러분들이 만난 그 어떤 여러 사람들과의 만남보다 더 귀한 만남이 될 줄 믿습니다.

여러분이 술 좋아하는 사람을 만났으면 여러분도 술 좋아하는 사람이 될 가능성이 있고, 도박 좋아하는 사람을 만났으면 여러분도 도박을 좋아하는 사람이 될 가능성이 있을 텐데 여러분은 만나도 예수님을 믿어 천국 갈 사람을 만났으니 '친구 따라 강남 간다'는 말과 같이 여러분도 여러분을 인도한 그분과 함께 천국에 가는 복을 받게 될 줄 믿습니다.

그러기 위해 여러분께서 해야 할 일 한 가지가 있습니다. 그것은 여러분이 이 시간 예수님을 믿는 것입니다. 예수님을 믿기만 하면

주 예수를 믿으라
그리하면 너와 네 집이 구원을 받으리라(행 16:31)

는 말씀과 같이 여러분도 구원을 받게 될 것입니다. 여러분이 예수님을 믿어 구원을 받으면 여러분의 가족들도 예수님을 믿어 구원을 받게 될 줄 믿습니다. 그러니 여러분 모두 이 시간 예수님을 믿으시길 주님의 이름으로 축원합니다.

그러면 예수님은 어떻게 믿는 것입니까? 예수님을 믿으면 죄 용서를 받습니다. 조상적부터 내려오는 저주의 사슬이 끊어지게 됩니다. 그래서 여러분은 저주를 면하게 됩니다. 하나님의 자녀가 되고 천국시민이 되는 엄청난 복을 받게 됩니다. 할렐루야!

예수님을 믿는 것은 너무 너무 쉽습니다. 예수님을 믿는다는 것이 절대 어렵지 않습니다. 힘들지도 않습니다. 예수님을 믿는 것은 쉬워도 너무 너무 쉽습니다. 그럼 예수님은 어떻게 믿는 것일까요?

볼지어다 내가 문 밖에 서서 두드리노니
누구든지 내 음성을 듣고 문을 열면
내가 그에게로 들어가 그와 더불어 먹고
그는 나와 더불어 먹으리라(계 3:20)

이것은 영적인 일입니다. 그러기 때문에 여러분들도 이 말씀을 영적으로 생각하며 느껴야 합니다. 먼저 여러분의 마음 문을 생각해보시기 바랍니다. 내 마음에 문이 있습니다. 이 마음의 문을 열고 들으면 상대방의 말도 잘 이해가 되고, 들은 말도 잊혀지지 않습니다. 그런데 마음의 문을 닫고 건성으로 들으면 앞에서 말을 해도 그 사람이 무슨 말을 했는지 알 수 없습니다. 나의 마음의 문을 닫고 여는 것은 자기가 하는 것입니다.

어떤 사람이 내게 찾아와 말을 할 때 마음을 집중해서 새겨들으려고 하면 작은 소리의 말이라도 잘 들리고 들은 말은 시간이 가도 잊히지 않고 마음에 오래 남게 됩니다. 그렇게 하는 것이 마음의 문을 여는 것입니다. 예수님께서 여러분의 마음 문 밖에 서 계십니다. 그리고 예수님께서 여러분의 마음 문을 두드리십니다.

마음 문을 열라
네가 나에게 마음 문을 열면
내가 너의 마음에 들어가겠다.
내가 너의 마음속에 들어가면
나는 너와 함께 살고
너는 나와 함께 살게 될 것이다.

여러분이 마음 문만 열면 하나님이신 예수님께서 여러분과 함께 사시겠다는 것입니다. 그러니 이보다 더 귀한 복이 어디 있겠습니까? 저는 청년 때 예수님께 마음 문을 열고 예수님을 모셨습니다. 그 이후로 저는 지금까지 하나님의 자녀로 살고 있습니다. 하나님의 독생자 예수님의 친구로 살고 있습니다. 예수님의 영 성령님을 마음에 모시고 살고 있습니다.

그러니 저는 어떤 일을 만나도 걱정이 없습니다. 전능하신 하나님께서 도와주시기 때문입니다. 장래 일도 염려하지 않습니다. 전에도 계시고 지금도 계시며 장차 영원토록 저와 함께 하시는 예수님께서 저를 인도해 주시기 때문입니다. 그래서 저는 행복합니다. 여러분들도 제가 믿는 예수님을 믿고 영접하신다면 여러분들도 제가 누리는 행복을 함께 누릴 수 있게 될 것입니다. 그래서 여러분을 예수님 앞으로 초대합니다.

영접하는 자 곧 그 이름을 믿는 자들에게는
하나님의 자녀가 되는 권세를 주셨으니(요1:12)

라는 말씀이 있습니다. 그래서 여러분들이 예수님을 영접하도록 도
와드리겠습니다. 예수님 영접하는 방법은 마음 문을 연 후에 이렇게 기
도를 하면 됩니다.

하나님!
저는 지금까지 하나님을 알지 못하고 살았던 죄인입니다.
그러나 이 시간
저를 위해 십자가에서 죽으시고
부활하셔서 죄와 사단의 권세를 깨뜨리시고
제 인생의 모든 문제를 완전히 해결하신 예수님을
저의 구주로, 저의 하나님으로, 제 마음 속에 영접합니다.
성령으로 들어오셔서 영원히 저를 다스려 주시고
하나님의 자녀 된 축복을 누리며 살게 하옵소서.
저는 이제 죄와 사망으로부터 구원을 받았습니다.
저의 죄는 용서되었습니다.
저는 의롭게 되었습니다.
모든 저주는 물러갔습니다.
사탄으로 권세는 무너졌습니다.
저는 하나님의 자녀가 되었습니다.
하나님은 내 아버지가 되셨습니다.
성령님은 나와 함께 계십니다.
저를 구원해 주시는 것을 감사합니다.
예수님의 이름으로 기도드립니다. 아멘

9장

구원을 받는 4가지 진리

하나님이 세상을 이처럼 사랑하사 독생자를 주셨으니 이는 그를 믿는
자마다 멸망하지 않고 영생을 얻게 하려 하심이라 하나님이 그 아들을
세상에 보내신 것은 세상을 심판하려 하심이 아니요 그로 말미암아
세상이 구원을 받게 하려 하심이라 (요 3:16-17)

9장 |
구원을 받는 4가지 진리

오늘은 해피데이입니다. 행복한 날입니다.

전도하던 분이 교회에 나오셨으니 행복한 날이고, 교회에 나오신 여러분을 하나님께서 보시고 기뻐하시니 행복한 날이고, 새가족 여러분이 설교말씀을 듣고 예수님을 믿으면 여러분 모두 구원 받아 여러분이 하나님의 자녀가 될 것이니 행복한 날이고, 오늘도 하나님께서 여러분에게 귀한 은혜를 부어 주실 것이기 때문에 행복한 날입니다. 할렐루야!

오늘도 여러분을 오라는 곳도 많았을 것이고 여러분이 가고 싶은 곳도 많지만 그런 곳 다 뒤로하고 이 복된 자리에 오신 것은 하나님께서 여러분의 마음을 움직이시고 하나님께서 여러분의 발걸음을 인도하셨기 때문인 줄 믿습니다. 이런 행복한 날 여러분 잘 오셨습니다. 복된 자리에 오신 여러분을 진심으로 환영합니다.

어느 섬에서 있었던 일입니다. 그곳에서 숙박업을 하고 있던 아주머니가 아침에 일어나 보니 바람이 세차게 불면서 파도가 높게 일고 있었습니다. 자기가 지금까지 그 섬에 살아본 경험으로 볼 때 이런 날에는 배를 타는 것이 위험하다고 느꼈습니다. 그런데도 많은 사람들이 배를 타려고 부둣가에 나와 있는 겁니다. 그것을 본 이 아주머니는 어떻게 할까 망설였습니다.

거기에 있는 사람들에게 오늘은 배를 타면 안 될 것 같으니 하루 더 머물다 가라고 하면 사람들이 '저 사람이 돈 벌려고 우리를 붙잡아 두려고 그런다'고 할 것이고 오늘 같은 날 배를 타면 위험한 것을 알면서도 '위험하다'는 말을 하지 않는다는 것은 잘못하는 일 같아서 말입니다. 그래도 이 아주머니는 용기를 내어 부둣가로 나갔습니다. 그리고 용기를 내어 말을 했습니다. "여러분! 오늘 같은 날 배를 타면 정말 위험합니다. 오늘은 날씨가 이래도 내일은 날씨가 좋을 것이니 이곳에 하루 더 머물다가 내일 안전하게 돌아가세요."

이 말을 듣던 여행객들이 웅성이기 시작합니다. '저분 말이 맞는 것 같은데 내일 갈까?' '아니야 저 사람 우리 붙잡아 놓고 우리 이용해 돈 벌려고 상술부리는 거야   저런 사람들의 말에 속으면 우리가 손해야. 가자 가' 그러다가 일부는 하루를 그 섬에 더 머물기로 하고 숙소로 돌아갔고 일부는 배를 타고 섬을 빠져 나갔습니다.

그런데 안타까운 것은 그 날 그 섬을 떠난 배는 파도에 휩쓸려 파선 되어 배에 타고 있던 사람들이 다 죽고 말았습니다. 제가 이 시간 여러분에게 전하고자 하는 말씀도 그 섬에 살던 그 아주머니의 심정으로 전합니다. 왜냐하면 가서는 안 될 길을 가는 분들이 많기 때문입니다.

누구나 사람은 이 세상에 태어나 단 한 번의 인생을 사는데 만일 잘못된 길을 가고 있다면 인생을 마친 후에 가슴을 치며 후회하게 될 것입니다. 그러기 때문에 인생살이 마치기 전에 내가 가고 있는 인생길이 옳은 길인지 아닌지를 점검해 보아야 합니다. 그러기 위해서는 세 가지 것을 알아야 하는데 첫째, 내가 누구인가를 알아야 하고 둘째, 내가 가는 인생길이 어떤 길인가를 알아야 하며 셋째, 내가 가는 길의 종착역은 어디인가를 알아야 합니다.

그것을 알게 해주는 것이 여러분께서 받으신 이 '사영리' 라는 작은 책 속에 들어 있습니다. 이 책은 비록 작지만 그동안 수많은 사람들이 읽고 몰랐던 진리를 발견하였고 몰랐던 자신을 알게 되었고 몰랐던 예수님을 믿게 되었고 구원 받고 영생을 선물로 받았습니다. 그래서 이 책이야말로 비록 작지만 세상에서 성경 다음으로 좋은 책입니다.

4영리가 무엇인가?

4영리라는 말은 구원받는 네 가지 영적 원리라는 말입니다. 이 네 가지 원리를 알게 되면 이리 저리 얽힌 인생살이가 얽혔던 실타래들이 술술 풀리듯 인생살이의 문제들도 술술 풀리게 될 줄 믿습니다. 그러면 4영리 그 첫 번째 원리는 무엇일까요?

하나님은 당신을 사랑하시며,
당신을 위한 놀라운 계획을 가지고 있으시다.

여러분은 하나님께서 여러분을 사랑하신다는 것을 느끼십니까? 하나님께서 여러분을 위해 놀라운 계획을 가지고 계신다는 것을 아십니까? 아마 모르실 것입니다. 저도 전에는 그런 것에 관심도 없었고 알지도 못했었습니다.

여러분들도 바쁘게 사느라 그런 생각들을 하지도 않았을 것이고 하나님께서 나를 사랑하시고 어떤 계획을 가지고 계신다는 것을 전혀 알지 못하고 지금까지 수십 년을 살아오셨을 것입니다. 철없는 자식이 부모님이 그를 얼마나 사랑하는지 모르는 것처럼 여러분이 어쩌면 그런 철없는 아이처럼 하나님의 사랑을 깨닫지 못하고 사신 겁니다.

부부가 서로에게 만족하지 못하는 이유가 무엇입니까? 부부지만 상대가 자신을 얼마나 사랑하는지 그 사랑을 느끼지 못하기 때문입니다. 자녀들이 잘못되는 이유가 무엇입니까? 자녀들이 부모님의 사랑을 느끼지 못하기 때문입니다. 인생살이에서 고독을 느끼고 삶의 허무를 느끼고 방황하는 이유도 누군가 나를 사랑한다는 것을 느끼지 못하기 때문입니다.

사람은 사랑이 필요한 존재입니다. 어린 아이들이 엄마를 찾습니다. 사랑이 필요하기 때문입니다. 청소년들이 이성의 친구를 찾습니다. 사랑이 필요하기 때문입니다. 젊은이들이 배우자감을 찾습니다. 사랑을 나눌 사람을 찾는 겁니다. 부부로 40년을 살다가 사별을 했어도 재혼할 사람을 찾습니다. 사랑을 나눌 사람을 찾습니다. 아이나 어른이나 사람은 사랑 없이 살 수 없기 때문입니다.

그러나 사람이 그렇게 사랑을 찾지만 어떤 사람을 만나 살든지 사랑의 그릇을 다 채울 수 없습니다. 결혼한 부부 사이에도 그 사랑이 다 채워지지 않습니다. 그러기 때문에 사람이 아무리 좋은 환경에 살아도 만족하지 못하고 행복하지 못하는 겁니다. 그런데 성경은 가장 가까운 사랑하는 나의 아내, 남편도 채우지 못하고 부모도 자식도 채워줄 수 없었던 마음의 공백을 채워주시며 우리를 사랑하시는 분이 계시다고 말씀합니다.

그 분이 어떤 분일까요? 그 분이 누구일까요? 성경은 그 분이 하나님이라고 합니다. 저는 이 시간 그 하나님에 대해서 여러분에게 말씀을 드리려고 합니다. 그 하나님은 어떤 분이신가? 성경 중에 신약 성경 요 3:16에 보면 이런 말씀이 있습니다.

하나님이 세상을 이처럼 사랑하사 독생자를 주셨으니
이는 저를 믿는 자마다 멸망치 않고
영생을 얻게 하려 하심이니라

하나님께서 우리들을 사랑하십니다. 전에도 하나님은 우리를 사랑하셨고 지금도 하나님은 우리를 사랑하시고 앞으로도 하나님은 우리를 사랑하실 것입니다. 그래서 하나님께서는 우리가 멸망당하지 않고 영생을 얻기를 원하십니다. 그런데 우리는 스스로 영생할 수 없습니다. 그래서 하나님께서 우리를 사랑하셔서 멸망 당하지 않고 영생을 얻게 하시려고 독생자를 세상에 보내셨다는 것입니다. 하나님의 독생자가 우리 대신해서 죽게 하시고 그 대신 우리를 영생하도록 하신 것입니다.

사랑하는 형제자매 여러분! 다른 사람을 살리려고 여러분의 자식을 대신 죽게 할 수 있겠습니까? 그럴 수 없습니다. 엊그제 윤일병을 죽게 한 사람들에 대한 재판이 있었습니다. 그 재판 결과 윤일병을 죽게한 가해 병장에게 징역 45년이 선고되었습니다. 징역 45년이면 그 청년 징역살이 다 마치고 나오면 70세가 넘을 것입니다. 사람을 죽게한 죄도 무겁지만 그 벌도 만만치 않는 벌입니다. 그런데도 윤일병의 어머니는 "내 아들을 죽인 놈을 왜 살인자라고 하지 않느냐?"고 하면서 울부짖는 모습을 보셨을 것입니다. 아마 저라도 그런 마음을 가졌을 것입니다.

부모의 마음은 다 마찬가지입니다. 남의 자식 살리려고 내 자식을 죽는 자리에 내놓을 부모는 없습니다. 그런데 하나님께서는 저와 여러분을 멸망당하지 않고 영생을 얻게 하시려고 하나님의 독생자를 죽는 자리에 내 놓으셨습니다.

우리를 향한 이 하나님의 사랑이 얼마나 큰지 사실은 저도 헤아리기 어렵습니다. 우리는 내 부모가 얼마나 나를 사랑하시는지도 잘 모르는데 하물며 하나님의 사랑을 어찌 다 알겠습니까? 사랑은 모르고 받는 것입니다. 사랑은 몰라도 받기만 하면 됩니다. 받으면 그 사랑이 나의 것이 됩니다.

그럼 하나님께서 우리를 어떻게 사랑하셨습니까? 사람은 누구나 죄인인 부모 사이에서 태어나기 때문에 태어날 때부터 죄를 안고 태어납니다. 그래서 몸은 살아 있는 몸으로 태어나지만 영혼은 죽은 상태로 태어납니다. 그래서 사람은 태어나면서부터 죄인이 타야 하는 지옥행 열차를 타고 그 종착역이 어딘지도 모르고 그 지옥행 열차 속에서 죄를 즐기며 살다가 수한이 다 되는 날 죄인들의 종착역인 지옥에 들어가 영원토록 벌을 받아야 합니다. 이것이 모든 사람들의 공통된 운명입니다.

그런데 하나님께서는 사람들이 이렇게 비참하게 살다가 죽어서도 영벌 받는 지옥에 가는 것을 원치 않으셨습니다. 그래서 사람 스스로 해결할 수 없는 죄 문제를 하나님께서 대신 해결해 주실 계획을 세우셨습니다. 독생자 예수님을 세상에 보내셨습니다. 그럼 하나님의 독생자 예수님이 이세상에 온 목적이 무엇이었습니까? 이 세상에 오신 예수님께서 요 10:10 에서 이렇게 말씀하셨습니다.

도적이 오는 것은 도적질하고 죽이고 멸망시키려는 것뿐이요
내가 온 것은 양으로 생명을 얻게 하고
더 풍성히 얻게 하려는 것이라

사람들이 생명을 얻고 풍성한 복을 누리게 하려고 예수님께서 이 세상에 오셨다는 말입니다. 그런데도 사람들이 왜 이런 풍성한 삶을 누리지 못하고 있을까요? 그 이유가 사영리 2번에 나와 있습니다.

사람은 죄에 빠져 하나님으로부터 떠나 있습니다.
그러므로 사람이 하나님의 사랑과 계획을 알 수 없고,
또 그것을 체험할 수 없습니다.

하나님께서 사람을 지으실 때 하나님의 형상을 따라 지으셨습니다. 하나님의 형상을 따라 지으신 이유는 하나님께서 사람들과 가까이 교제하며 살기를 원하셨기 때문입니다. 그러기 때문에 사람은 하나님을 가까이 해야 평안하고 하나님과 교제하며 살아야 만족하고 하나님의 말씀대로 살아야 복을 누리며 사람답게 살면서 행복해질 수 있는 것입니다. 그런데 사람이 그렇게 할 수 없습니다. 왜냐하면 사람이 죄를 지었기 때문입니다. 사람이 죄를 짓고 하나님에게서 떠나게 되었습니다. 하나님과 함께 있어야 사람답게 살 수 있게 지음 받은 사람이 하나님을 떠나게 되었으니 몸은 살았을지 몰라도 영적으로 죽은 것입니다.

죽음이란 세 종류가 있습니다. 첫째는 영적인 죽음입니다. 하나님으로부터 완전히 끊어지는 것입니다. 생명의 근원이신 하나님으로부터 분리되어 있는 사람은 그가 어떤 신분과 처지에 있든지 관계없이 죽은 것입니다. 눈에 어떻게 보여도 죽은 것입니다.

둘째는 육신적인 죽음입니다. 줄기에서 잘려진 꽃을 보세요. 겉보기에는 살아 있는 것 같습니다. 그러나 실제로는 이 꽃이 줄기에서 꺾여졌으니 죽은 것입니다. 잠시 잎이 푸르고 꽃이 여전하지만 조금 있다 오후만 되어도 시들다가 수요일이면 냄새나고 보기도 싫을 쓰레기가 되어버릴 것입니다. 꺾여진 꽃이 곧 시들어 버리는 것처럼 하나님을 떠난 인생 역시 타고난 수한 다하는 순간 기력이 다해 죽을 것입니다. 이 것이 육신적인 죽음입니다.

죽음을 좋아하는 사람은 아무도 없는데 사람은 왜 육신이 왜 죽을까요? 그것은 사람이 하나님으로부터 분리되어 있기 때문입니다. 그런데 육신의 죽음보다 더 무서운 죽음이 또 있습니다. 그것은 세번째 죽음 인 영원한 멸망의 죽음입니다. 사람의 몸에 영혼이 머물고 있을 때 생 명 되신 하나님께로 돌아가지 않는 사람은 지옥열차의 종착역에 내리 자마자 지옥에 들어가게 됩니다. 그 지옥은 한 번 들어가면 끝장인 곳 입니다. 아무도 그 곳을 벗어날 수 없는 곳입니다. 죽을 자유도 없는 곳 영원한 멸망의 장소입니다.

그래서 문학가 단테는 그가 쓴 '신곡'에서 지옥에 관하여 말하기를 **"이곳을 들어가는 자는 희망을 버릴지어다."**라고 했습니다. 그러기 때 문에 아무리 사람이 죄 가운데 출생하였다고 할지라도 아직 죽지 않고 세상에 살아 있다면 죽기 전에 하나님 품으로 돌아가야 합니다. 그리고 하나님의 사랑을 받아들여 그 하나님의 사랑 속에 살아야 합니다. 그래 야 이 세상에서도 사람답게 살면서 사람이 누려야 할 복을 누리며 살다 가 수한이 다되어 육신의 죽음을 당할지라도 천국에 가서 영생복락을 누릴 수 있게 되는 것입니다.

사랑하는 형제자매 여러분! 여러분 모두 이런 복을 받으시길 주님 의 이름으로 축원합니다. 그런데도 많은 사람은 자신들이 원줄기에서 끊겨져 있다는 사실을 알지 못합니다. 마지막 아궁이에 던져져 불태워 지게 될 것이라는 사실도 깨닫지 못합니다. 단지 며칠 피었다 지게 될 그런 육신의 삶만을 생각하며 살아갑니다. 그래서 불안과 허전함, 그리 고 공허함을 달래보려고 열심히 돈을 모읍니다. 재산을 모읍니다. 학문을 익힙니다. 남이 가지지 못한 것을 먼저 가지려고 합니다. 명예를 얻으려고 합니다.

요즈음 집 안에 애완동물을 키우는 사람들이 많습니다. 왜 그렇습니까? 외로워서 그렇습니다. 사람들과의 관계 속에 상처를 입고 힘들어 하다가 사람들을 가까이 하면 처음에는 좋지만 결국에는 상처를 주고 내게서 떠납니다. 그러나 동물은 나를 배반하지 않고 언제나 나에게 꼬리를 치며 몸을 비비며 좋아하니 그러는 개에게 정을 주고 그러는 고양이를 가족처럼 여기며 외로움을 달래며 함께 사는 겁니다.

그런데 우리가 알아야 할 것은 이런 것들로는 사람들의 불안함과 공허함을 채울 수 없다는 것입니다. 그러면 영적으로 죽은 사람이 불안과 외로움과 공허함을 해결할 방법이 무엇입니까? 제 3원리에서 그 방법을 이렇게 설명하고 있습니다.

예수 그리스도만이 사람의 죄를 해결할 수 있는
하나님의 유일한 길입니다. 당신은 그를 통하여 당신에 대한
하나님의 사랑과 계획을 알게 되며,
또 그것을 체험하게 됩니다.

그렇습니다. 우리 중에 죄인 아닌 자가 누가 있겠습니까? 세상에 죄 없는 사람은 아무도 없습니다. 모든 사람이 죄인입니다. 그렇다면 사람이 죄를 해결해야 하는데 세상에 자신의 죄 문제를 해결할 사람은 아무도 없습니다. 제주도 검찰 지검장을 여러분 아실 것입니다. 검찰 지검장 정도의 사람은 죄인을 벌하는 위치에 있는 대단한 힘을 가진 사람입니다. 그런데 그 사람이 얼마 전 하루아침에 제주도 검찰지검장 옷을 벗지 않았습니까? 죄를 다스리던 사람이 죄를 짓다가 발각

되었기 때문입니다. 죄는 석가, 공자, 소크라테스로도 죄를 해결할 수 없습니다. 왜냐하면 사람은 하나님을 상대해서 죄를 지었기 때문입니다. 그동안 내가 하나님인 것처럼 살았습니다. 내가 미워한 대상이 하나님이었습니다. 그래서 나는 하나님께 죄를 지은 것입니다. 그러므로 하나님께서 내 죄를 용서해 주실 때만 내 죄가 해결되는 것입니다. 죄는 하나님을 상대로 해서 지은 것이기 때문에 하나님을 상대로 해서 해결되어야 합니다.

하나님께서 이런 점을 다 아시고 사람이 하나님 앞에 죄를 해결해야 하는데 그러지 못하는 사람의 형편을 아시고 하나님께서 죄의 문제를 해결할 방법을 취하셨습니다. 우리의 죄를 용서해 주시기 위해 독생자 예수님을 이 세상에 보내신 것입입니다. 그리고 하나님이신 독생자 예수님께서 우리의 죄의 짐을 다 지시고 십자가에 우리 대신해서 죽으셨습니다. 우리의 죄 값을 하나님께 대신 치러 주신 것입니다. 그래서 롬 5:8에서는 이렇게 말씀하십니다.

우리가 아직 죄인 되었을 때에
그리스도께서 우리를 위하여 죽으심으로
하나님께서 우리에게 대한 자기의 사랑을 확증하셨느니라

이 사실을 예화를 통해서 더 깊이 생각해 보겠습니다. 아버지와 두 형제가 살고 있었습니다. 형은 온유했고 성품이 좋았습니다. 그러나 동생은 난폭했습니다. 형은 아름다운 가정을 이루고 착실하게 살았습니다. 동생은 집을 나가 제 맘대로 살았습니다.

어느 날 늦은 밤이었습니다. 모두 깊이 잠든 형의 집 대문을 누군가 심하게 두드렸습니다. 나가보니 동생이었습니다. 반갑게 맞이해 방안으로 데리고 들어와 불을 켰습니다. 불빛 아래서 동생을 보니 그는 온 몸이 피로 얼룩져 있었습니다. 알고 보니 다른 사람과 심하게 싸우다 사람을 죽인 뒤 도망쳐 온 것입니다. 그 때 밖에서 경찰이 문을 열라고 소리쳤습니다. 형은 동생을 살릴 길을 생각해 보았습니다. 이윽고 형은 말했습니다. "빨리 네 옷을 모두 벗어라!" 동생이 옷을 모두 벗자 피 묻은 옷을 형이 입으며 말했습니다. "내 옷을 네가 입어라! 그리고 너는 아무도 모르는 데 가서 숨어 있거라."

드디어 경찰이 들어와 형을 잡아갔습니다. 재판이 열려 사형이 언도 되었습니다. 사형이 집행되기 전에 형은 간수에게 편지를 주며 동생에게 전달해 줄 것을 부탁했습니다. 형이 자신 때문에 죽게 되었다는 소식을 듣고 동생이 달려갔을 때는 이미 형 집행이 끝난 뒤였습니다. 울며 돌아서는데 간수가 형의 편지를 전해 주었습니다.

사랑하는 동생아! 나는 너를 사랑한다.
그래서 너 대신 내가 죽는다.
너의 피 묻은 옷을 내가 입고
네 죄를 대신하여 내가 죽는다.
너는 내 깨끗한 옷을 입었으니
이제는 죄 짓지 말고 바르게 살아가거라.

동생은 형의 옷을 입고 그 형이 죽지 않았으면 살았을 거룩한 삶을 살았습니다. 이 형의 역할을 우리 예수님이 대신하신 것입니다. 그 예수님은 우리를 위해 죽으셨다가 삼 일만에 부활하셨습니다.

내가 받은 것을 먼저 너희에게 전하였노니

이는 성경대로 그리스도께서 우리 죄를 위하여 죽으시고
장사 지낸바 되었다가 성경대로 사흘만에 다시 살아나사
게바에게 보이시고 후에 열 두 제자에게와
그 후에 오백여 형제에게 일시에 보이셨나니
그 중에 지금까지 태반이나 살아 있고 어떤 이는
잠들었으며(고전 15:3-6)

예수님은 인간의 죄와 죽음의 문제를 해결하고 부활하셨습니다. 만일 예수님의 부활이 없었다면 예수님은 성인(聖人)은 되셨을지 모르나 나를 구원한 구원자는 되지 못하셨을 것입니다. 그래서 요 14:6에서 친히 이렇게 말씀하십니다.

내가 곧 길이요 진리요 생명이니
나로 말미암지 않고는 아버지께로 올 자가 없느니라

하나님이 인정하시는 다른 구원의 길은 없습니다. 그러나 이상의 세 가지 원리를 아는 것만으로는 충분하지 않습니다.

제 4 원리
우리 각 사람은 예수 그리스도를 '나의 구주, 나의 하나님'으로 영접해야 합니다.

그러면 우리는 우리 각 사람에 대한 하나님의 사랑과 계획을 알게 되며, 또 그것을 체험하게 됩니다. 요 1:12을 보시기 바랍니다.

영접하는 자 곧 그 이름을 믿는 자들에게는
하나님의 자녀가 되는 권세를 주셨으니

여기서 '믿는다'는 것은 영접한다는 것입니다. '영접한다'는 것은 모셔 들이는 것을 말합니다. 우리가 마음 문을 열고 예수님을 내 마음 속에 모셔 들이면 여러분의 타고난 죄도 용서 받고 지금까지 살면서 하나님께 지은 죄도 용서를 받게 됩니다. 할렐루야!

사랑하는 형제자매 여러분! 지금 곧 예수님을 영접하시기 바랍니다. 계 3:20 말씀에 귀를 기울여 보시기 바랍니다.

볼지어다 내가 문 밖에 서서 두드리노니
누구든지 내 음성을 듣고 문을 열면
내가 그에게로 들어가 그로 더불어 먹고
그는 나로 더불어 먹으리라

전도자의 음성은 예수님의 음성입니다. 보이지 않는 예수 그리스도가 지금 당신에게 오셔서 제 입술을 통해 여러분을 부르고 계시는 것입니다. 이 시간 말씀으로 여러분에게 찾아오신 예수님을 마음 문을 열고 모셔 들이면 됩니다. 내 마음 속에 예수님을 모셔 들이는 것은 기도로 모셔 들일 수 있습니다. 제가 여러분의 기도를 도와드리도록 하겠습니다. 저를 따라 기도하시기 바랍니다.

예수님 저는 죄인입니다.
죄 없으신 예수님께서
저를 대신해서 죽으심으로 죄 값을 치르신 것을 믿습니다.

이제 내안에 들어오셔서 저를 구원해주시고
제 영혼이 천국가게 해주세요.
예수님은 나의 구주이십니다.
예수님의 이름으로 기도합니다. 아멘!

이 기도는 간단합니다. 그러나 이 방법은 하나님께서 죄인을 용서
하시기 위해 만드신 방법입니다. 그러기 때문에 여러분이 진심으로 이
런 영접 기도를 하셨다면 하나님께서 여러분의 죄를 용서해 주신 줄 믿
습니다. 따라해 보십시오.

나는 예수님을 영접하였기 때문에 내 죄가 용서되었다.
나는 하나님의 자녀가 되었다.
나는 구원을 받았다.
나는 이제부터 하나님의 자녀로 이 세상을 살면서
하나님 때문에 행복하게 살게 되었다.
내가 수한이 다 되어 죽는 날 천국에 가서 영생복락을
누릴 것이다.
나는 오늘 내가 세상에서 받아야 할 가장 귀한 복을 받았다.

그렇다면 오늘부터 어떻게 살아야 할까요? 하나님 없이 살아온 인
생은 만사가 요지경입니다. 그래서 혼란스럽고 불안하고 하는 일마다
틀어졌던 것입니다. 그러나 이제 마음의 중심에 예수님을 모셨으니 하
나님이신 예수님의 말씀을 따라 살면 이제는 혼란하거나 불안한 삶을
사는 것이 아니라 안정되고 평안하며 감사하며 형통하게 살 수 있게 되
는 것입니다.

예수님을 믿는 사람은 이제부터 감정 따라 살면 안 됩니다. 하나님께서 내게 이루신 죄 용서와 구원의 사실을 믿고 그 믿음에 내 감정이 따라 살아야 합니다. 그리스도인도 느낌이나 감정에 의존하는 것이 아니라 하나님과 그 말씀의 신실성에 믿음의 근거를 두는 것입니다.

이제 여러분은 하나님의 자녀가 되었으니 오늘만 아니라 주일마다 교회에 나오셔서 하나님의 말씀을 들으며 살아야 합니다. 그래서 오늘이 여러분의 인생에 가장 행복한 날, 운명이 바뀐 날이 되어서 예수님 때문에 행복한 여러분 되시길 주님의 이름으로 축원합니다.

10 장

믿음은 긍정에서 축복은 순종에서
(긍정 200%의 믿음)

온 회중이 소리를 높여 부르짖으며 백성이 밤새도록 통곡하였더라 이스라엘
자손이 다 모세와 아론을 원망하며 온 회중이 그들에게 이르되 우리가 애굽 땅
에서 죽었거나 이 광야에서 죽었으면 좋았을 것을 어찌하여 여호와가 우리를
그 땅으로 인도하여 칼에 쓰러지게 하려 하는가 우리 처자가 사로잡히리니 애
굽으로 돌아가는 것이 낫지 아니하랴 이에 서로 말하되 우리가 한 지휘관을
세우고 애굽으로 돌아가자 하매 모세와 아론이 이스라엘 자손의 온 회중 앞에
서 엎드린지라 그 땅을 정탐한 자 중 눈의 아들 여호수아와 여분네의 아들
갈렙이 자기들의 옷을 찢고 이스라엘 자손의 온 회중에게 말하여 이르되
우리가 두루 다니며 정탐한 땅은 심히 아름다운 땅이라 여호와께서 우리를
기뻐하시면 우리를 그 땅으로 인도하여 들이시고 그 땅을 우리에게 주시리라
이는 과연 젖과 꿀이 흐르는 땅이니라 다만 여호와를 거역하지는 말라 또
그 땅 백성을 두려워하지 말라 그들은 우리의 먹이라 그들의 보호자는 그들에
게서 떠났고 여호와는 우리와 함께 하시느니라 그들을 두려워하지 말라 하나
온 회중이 그들을 돌로 치려 하는데 그 때에 여호와의 영광이 회막에서
이스라엘 모든 자손에게 나타나시니라 (민 14:1-10)

10장 |
믿음은 긍정에서 축복은 순종에서
(긍정 200%의 믿음)

> 농부는 농사하는 것이 사명이고 매년
> 결실하는 것이 행복입니다.

그래서 농부는 매년 반복되는 일이지만 봄이 되면 어김없이 땅을 일구고 씨를 뿌린 후에 여름 내내 더위를 무릅쓰고 가꿉니다. 그리고 가을이 되면 그동안 수고한 열매를 거두고 기뻐합니다. 이런 추수의 원리는 교회와 우리 성도들이 해야 하는 영적인 농사에도 똑 같이 적용됩니다. 농부가 농사를 사명으로 생각하고 매년 농사에 힘을 쓰듯이 교회와 성도들은 전도를 사명으로 알고 한 사람이라도 전도결실을 하려고 최선을 다해야 합니다. 그렇게 하는 것이 하나님께서 기뻐하시는 일이며 하나님께서 교회와 성도된 우리에게 맡기신 사명입니다.

그래서 우리가 금년 우리교회 목표인 '세 사람 이상 전도하여 한 사람 이상 결실'을 이루기 위해 오늘 전도 대상자 곧 예비신자 작정을 하려고 합니다. 다음 주일에 한 번 더 전도 대상자 작정을 마치면 10월부터는 작정한 전도 대상자들과의 좋은 관계 맺기를 위해 1) 기도하기 2) 만나기 3) 손 잡아주기 4) 선물 전하기 5) 복음 제시하기 6) 초청하기 등 전도 전략을 단계적으로 여러분과 함께 실천해 나갈 것입니다.

그러나 이런 일은 전도를 해야 하는 우리에게 있어서 귀찮은 일이 될 수도 있고 부담되는 일이 될 수도 있습니다. 그러나 전도는 하나님께서 기뻐하시는 일이고 사람이 이 세상에서 하는 일 중에 가장 보람되고 복된 일이기 때문에 좀 귀찮게 여겨지고 좀 부담이 되어도 해야 할 줄 믿습니다. 그렇다면 우리에게 좀 부담이 되고 좀 귀찮게 여겨지는 이 일을 어떻게 해야 잘 할 수 있을까요? 저는 이 시간 여러분과 함께 바로 이 문제를 나누려고 합니다.

말씀을 통해 이에 대한 지혜를 얻으셔서 이왕 우리가 함께 해야 할 전도가 잘 되어서 이번 가을이야말로 전도 열매를 풍성하게 거두는 기적이 일어나길 주님의 이름으로 축원합니다.

우리가 금년 가을 풍성한 전도 결실을 위해 해피데이 행사에 참여하면서 꼭 알아야 할 것이 있습니다. 그것은 하나님께서 기뻐하실 일과 우리가 복 받을 일을 하려고 하면 마귀는 언제나 방해한다는 것입니다.

평소 기도하지 않던 사람이 마음잡고 규칙적으로 기도하려고 할 때 마귀는 그런 사람이 기도하도록 가만 두지 않습니다. 어떤 방법으로든지 기도를 하지 못하도록 방해합니다. 평소 주일을 자주 빠지던 사람이 주일성수를 온전히 하려고 할 때 마귀는 그런 사람이 주일을 잘 지키도록 가만 두지 않습니다. 어떤 방법으로든지 주일을 지키지 못하게 방해합니다. 교회에 출석은 해도 봉사를 하지 않던 사람이 봉사를 시작하려고 할 때 봉사하다가 누구를 통해서든지 시험에 들어 봉사 못하게 하지 마귀는 보고만 있지 않습니다.

모처럼 전도할 마음을 가지고 전도를 해보려고 할 때도 마찬가지입니다. 마귀는 우리가 전도하려고 할 때 여러 가지 방법을 다 동원해서 전도하지 못하도록 방해합니다. 왜냐하면 전도하는 일이 하나님께서 기뻐하실 일이기 때문입니다. 예수님의 몸 된 교회에 유익한 일이기 때문입니다. 우리가 하나님께 복 받을 일이기 때문입니다.

그래서 마귀는 우리가 이런 일을 하려고 시작할 때는 그런 일에 관심을 갖지 못하게 유혹합니다. 일단 시작을 한 사람에게는 그런 일을 마음으로만 품고 있게 하고 실제로는 전도를 하지 못하게 유혹합니다.

전도를 혼자 하지 않고 여럿이 함께 할 때, 마귀는 전도도 하지 않는 사람들의 입을 통해 다른 사람들도 전도를 못하게 방해하도록 합니다. 그러기 때문에 하나님께서 기뻐하시는 전도를 교회 공동체에서 더불어 해나갈 때에 혹시라도 마귀의 이런 전도 방해 공작에 미혹되는 일이 없도록 조심해야 합니다.

사람들이 하나님께서 기뻐하실 일을 하려고 하면 마귀가 가장 먼저 하는 일은 그 사람의 생각과 마음에 부정적인 생각의 씨를 뿌립니다. 그럴 때 정신 차리지 못한 사람들은 전도하자는 말을 들으면서 이런 생각을 하게 됩니다.

1) 작정 ... 꼭 그렇게까지 해야 하나...?
2) 세 사람 이상 전도 ??? – 찾아도 없어...
3) 한 사람 이상 결실 ??? – 안 될 걸...
4) 다른 사람은 해도 나는 못해 ....

누구나 이런 생각을 할 수 있습니다. 그러나 이런 생각이 들 때 정말 조심해야 합니다. 왜냐하면 이런 생각들은 믿음 없는 인간의 약한 마음에서 나오는 소리이든지 아니면 마귀가 전도를 못하게 하려고 뿌리고 간 유혹의 생각일 수 있기 때문입니다.

성령께서는 전도에 대해서 절대로 부정적인 생각이나 부정적인 말을 하게 하지 않으십니다. 그러기 때문에 하나님께서 기뻐하시는 일을 시작할 때 혹시라도 이런 생각이 들면 "이 믿음 없는 약한 육체에서 나오는 소리여 떠날지어다. 나를 전도하지 못하게 방해하는 사단아 그런 부정적인 생각을 가지고 내게서 떠날지어다."라고 하면서 빨리 떨쳐버려야 합니다.

만일 그렇지 않으면 부정적인 생각이 부정적인 말로 입에서 나오기 시작합니다. 내 입에서 부정적인 생각이 나오기 시작하면 나도 하나님께서 기뻐하시는 일에 동참하지 않고 옆에 있는 사람들도 전도하지 못하도록 방해하는 역할을 하게 됩니다. 하나님께서 가장 싫어하시는 사람이 바로 이런 사람입니다. 자기도 전도하지 않으면서 남도 못하게 하는 부정적인 분위기를 만드는 사람 말입니다.

그러기 때문에 하나님께 복 받게 살려면 생각부터 잘 해야 합니다. 우리의 삶은 언제나 생각에서부터 시작되기 때문입니다. 행복한 삶 성공적인 삶도 생각에서부터 시작하고 불행한 삶 실패의 사람도 생각에서부터 시작됩니다.

그래서 사람들은 '인생살이 마음먹기 달렸다'고 합니다. 어떤 생각을 품고 사느냐에 따라 사람이 행복하게 살 수도 있고 불행하게 살 수도 있으며 성공적인 삶을 살 수도 있고 실패의 삶을 살 수도 있습니다.

사람의 생각에는 두 가지가 있습니다

긍정적인 생각, 부정적인 생각입니다. 긍정적인 생각을 하게 되면 긍정적인 말이 나오고 긍정적인 행동이 따릅니다. 반대로 부정적인 생각을 하게 되면 입에서 부정적인 말이 나오고 몸으로 부정적인 행동을 합니다. 그러다가 사람이 망하게 되는 것입니다. 그 대표적인 사례가 구약 성경 오늘의 본문에 소개되는데 한 번 들어보시기 바랍니다. 여러분들도 익히 아시는 내용인데요.

때는 B.C. 1446년 1월이었습니다. 애굽에서 종살이하던 200만 명 이상의 이스라엘 백성들이 하나님의 도움으로 애굽을 떠나 홍해를 건너는데 하나님께서 갈라 주신 바닷길 바닥 땅을 밟고 건너게 됩니다.

그때 이스라엘 백성들의 마음이 어떠했을 것 같습니까? 갈라진 바다 물 벽 사이 맨땅을 밟으며 바다를 건너면서 하나님의 전능하심과 하나님께서 살아계셔서 그들을 얼마나 사랑하시는가를 느끼면서 감격했을 것입니다. 그런 후 이스라엘 백성들이 1년 3개월 쯤 광야를 걸어서 하나님께서 이스라엘 백성들에게 주시려고 약속하신 가나안 땅 200리 앞 까지 이르게 되었습니다.

그때 이스라엘 사람들이 모여 의논하기를 우리가 가보지 않은 땅에 무조건 들어가는 것보다 각 지파별로 정탐꾼 한명 씩 뽑아서 미리 그 땅에 보내 그곳을 살펴보고 와서 보고하도록 한 후에 그 보고를 듣고 들어갈 날짜도 정하고 들어갈 방법도 정하자고 의견을 모읍니다. 좋은 생각입니다. 그래서 각 지파별로 한 사람씩 정탐꾼 12명을 뽑아 40일 동안 가나안 땅에 몰래 들어가 여러 정황들을 살피게 합니다.

정탐꾼들이 가나안 땅에 들어가 살펴보니 그곳 성이 대단히 크고 견고합니다. 그곳 사람들은 다른 지역 사람들보다 건장한 사람들입니다. 그리고 그 지역의 땅이 얼마나 비옥한지 그 땅에서 생산되는 과일들이 다른 지역의 과일과 비교할 수 없을 정도로 크고 풍성합니다. 이런 모습들을 살펴본 정탐꾼들이 돌아와 이스라엘 사람들 앞에서 보고를 합니다.

먼저 여호수아와 갈렙이 보고하기를 우리가 가보니 그 땅은 정말 하나님께서 말씀하신 그대로 젖과 꿀이 흐르는 땅이었습니다. 보세요 바로 이 과일이 그 땅에서 가져온 과일입니다. 그곳 사람들이 아무리 강해보여도 우리에게는 하나님께서 함께 하시니 그들은 우리의 밥입니다. 우리 함께 올라갑시다. 하나님께서 우리에게 주신 땅이니 우리가 가서 그 땅을 취하면 됩니다. 우리는 그곳 사람들을 이기고 그 땅을 차지할 수 있습니다. 그러자 이스라엘 백성들이 와! 박수를 치면서 갑시다! 갑시다! 그러는 겁니다.

바로 그 때 다른 정탐꾼들이 나섭니다. 아닙니다. 우리의 보고는 다릅니다. 우리가 가서 본 그 성은 우리가 상상하던 성보다 크고 견고합니다. 그곳 사람들을 보니 그들이 얼마나 큰 사람들인지 우리는 그들에 비하면 메뚜기 같은 존재들입니다. 그러니 우리가 그들을 당해낼 수 없습니다. 우리가 그곳에 들어가면 우리는 다 죽습니다. 올라가지 맙시다.

그러자 여호수아와 갈렙의 긍정보고를 감격해 하던 백성들이 "아이고 이 일을 어쩌노." 하면서 가슴을 치며 탄식하기 시작합니다. 같은 기간에 같은 장소를 가서 살피고 왔는데도 보고 내용은 전혀 다르자 이스라엘 백성들이 혼란에 빠집니다. 그러면 우리가 어떻게 해야 하지요?

가나안 땅에 들어가야 합니까? 들어가지 말아야 합니까? 들어가지 않으면 우리가 어디로 가야 합니까? 우리가 이러려고 애굽에서 나왔습니까? 원수들의 칼에 죽느니 차라리 애굽으로 돌아갑시다. 이스라엘 공동체가 갑자기 혼돈 속에 빠져버렸습니다. 그런 와중에 이스라엘 공동체가 하나의 결정을 내립니다. '가나안 땅에 들어가지 말자 들어가서 죽느니 들어가지 말고 우리가 다시 종살이를 하더라도 차라리 애굽으로 돌아가자'는 겁니다.

그러자 여호수아와 갈렙이 목소리를 높여 호소합니다. 여러분! 우리가 애굽으로 돌아가다니 그게 무슨 말이요? 가나안 땅은 하나님께서 우리에게 주시기로 약속하신 땅이니 들어가면 우리가 그 땅을 차지할 수 있습니다. 하나님의 말씀을 믿고 들어갑시다.

그러자 백성들이 여호수아와 갈렙을 돌로 죽이려합니다. 그러다가 이스라엘 공동체는 결국 가나안 땅 입구까지 왔다가 발길을 돌려 다시 광야로 향하게 됩니다. 이런 이스라엘 백성들의 행위는 하나님의 말씀을 불신하는 큰 죄였고 하나님의 인도하심을 거역하는 무서운 죄였습니다. 그 결과 이스라엘 백성들이 어떻게 되었습니까? 민 14:34에 보면 이런 말씀이 있습니다.

너희는 그 땅을 정탐한 날 수인 사십 일의 하루를 일 년으로 쳐서 그 사십 년간 너희의 죄악을 담당할지니 너희는 그제야 내가 싫어하면 어떻게 되는지를 알리라 하셨다 하라

이스라엘 백성들이 결국은 가나안 땅에 들어가게 됩니다만 바로 들어간 것이 아니라 40년 동안 혹독한 광야생활을 한 후에 들어가게 됩니다. 약속의 땅을 40일 동안 정탐하며 보고도 하나님의 약속을 믿지 못한 그 죄를 갚으시되 정탐한 날 하루를 1년씩 계산하여 40년을 광야생활의 고통으로 갚도록 하신 것입니다.

이런 것을 보면서 우리가 느껴야 할 것은 하나님께서는 정확하게 갚으신다는 것입니다. 복 받게 산 사람에게는 정확하게 복으로 갚아주시고 벌 받게 산 사람에게는 정확하게 벌로 갚으십니다. 또 한 가지 하나

님께서 이스라엘 백성들을 40년 동안 광야에서 방황하게 하신 이유가 있습니다. 민 14:22-23을 보시기 바랍니다.

> 내 영광과 애굽과 광야에서 행한 내 이적을 보고서도
> 이같이 열 번이나 나를 시험하고
> 내 목소리를 청종하지 아니한 그 사람들은
> 내가 그들의 조상들에게 맹세한 땅을 결단코 보지 못할 것이요
> 또 나를 멸시하는 사람은 한 사람도 그것을 보지 못하리라

하나님께서 이스라엘 백성들을 40년 동안 광야에서 방황하게 하신 이유가 하나님의 말씀보다는 믿음 없는 사람들의 부정적인 말을 듣고 차라리 애굽으로 돌아가자고 소리 지르던 당시 20세 이상의 모든 사람들이 광야에서 죽을 때까지 그 때를 기다리시는 기간이었습니다. 그 결과 가나안 땅을 정탐 한 후 하나님의 말씀보다는 믿음 없는 사람들의 부정적인 말을 듣고 차라리 애굽으로 돌아가자고 소리 지르던 모든 사람들이 40년 동안 다 죽습니다. 그리고 민 14:37-38에 이런 일이 일어납니다.

> 곧 그 땅에 대하여 악평한 자들은 여호와 앞에서 재앙으로 죽었고
> 그 땅을 정탐하러 갔던 사람들 중에서
> 오직 눈의 아들 여호수아와 여분네의 아들 갈렙은 생존하니라

가나안 땅 정탐 후 정탐 보고를 들을 때 자기 판단을 할 수 있는 20세 이상의 사람들은 연장된 광야 방황 기간 40년 동안 다 죽습니다. 그리고 믿음 없는 부정적인 말보다는 하나님의 말씀을 믿고 가나안 성이

아무리 견고하고 가나안 사람들이 아무리 건장할지라도 그들은 우리의 밥입니다. 믿고 들어갑시다라고 말했던 여호수아와 갈렙만 그들의 말대로 그들의 믿음대로 그 약속의 땅에 들어가게 되었습니다. 할렐루야!

우리는 이런 역사적인 사실들을 보고 들으면서 몇 가지 교훈들을 꼭 붙잡아야 합니다. 무슨 일이나 판단을 잘해야 한다는 것입니다. 어떻게 판단하는 것이 잘하는 것일까요? 사람들의 제도 중에는 가장 합리적인 것은 다수의 의견을 좇아 판단하는 것입니다. 다수결제도에 의해 판단하는 것이지요. 그러나 이 다수결에 의한 결정을 하는 원리는 인간 세계에서는 합리적인 방법일 수 있지만, 진리의 세계에서는 대단히 위험한 원리라는 것을 알아야 합니다. 진리는 사람들의 합의에 의해서 결정되어지는 것이 아니기 때문입니다.

그런데도 진리의 문제까지도 다수결로 결정을 하려 하면 큰 죄를 범하게 됩니다. 인류가 저지른 가장 악한 일 중에 하나는 하나님이신 예수님을 십자가에 못 박아 처형한 일이었는데요 그 때 예수님을 죽이기로 결정한 것이 다수결 방식에 따른 결정이었습니다. 이스라엘 백성들이 약속의 땅 앞에까지 갔다가 광야로 회진하여 40년간을 방황하게 된 것도 다수결로 결정한 실수 때문이었습니다.

진리는 결코 타협에 의해서 이루어지지 않으며, 인간의 합리적인 사고의 산물이 아닙니다. 그러기 때문에 우리가 무슨 일이나 가장 잘 판단하는 것은 하나님의 말씀에 근거해서 판단하는 것입니다.

여호수아와 갈렙이 가나안 땅을 정탐한 후에 백성들에게 "갑시다. 그들은 우리의 밥입니다. 가서 취합시다. 우리는 할 수 있습니다"라고 주장한 것은 하나님의 말씀을 믿고 그 땅을 믿음의 눈으로 바라보았고 긍정의 생각으로 보았기 때문입니다.

하나님의 말씀에 근거한 긍정의 생각, 긍정의 말, 긍정의 판단이 다른 사람들이 다 광야에서 죽는 중에도 죽지 않고 약속의 그 땅에 들어갈 수 있게 하였습니다. 우리도 여호수아와 갈렙 같은 믿음을 본받아야 할 줄 믿습니다.

생각의 고지를 마귀에 빼앗기면 믿음의 말보다는 의심의 말을 하게 됩니다. 긍정적인 말보다는 부정적인 말을 하게 됩니다. 여러분의 생각이 하나님의 말씀을 긍정하는 생각, 하나님의 약속을 믿는 믿음의 생각에 사로잡혀 말을 해도 긍정적인 말, 믿음의 말을 하고 행동을 해도 하나님께서 기뻐하시는 일에 아멘 하고 순종하는 행동을 하시길 소원합니다.

그러면 여러분의 말을 들으시고 여러분의 행동을 지켜보시는 하나님께서 여러분의 긍정적인 말대로 긍정적인 열매들이 풍성히 맺히도록 복을 주실 줄 믿습니다. 금년 가을 여러분 모두 세 사람 이상 전도하여 한 사람 이상 전도 결실하게 될 줄 믿습니다.

우리교회가 예배당 건축 중에 가장 수지맞았던 노래가 있습니다. 그것이 무슨 노래이지요? '할 수 있다 하면 된다 해 보자'는 노래입니다. 이 노래 가사가 긍정 200%를 강조하는 내용입니다. 건축 중에는 어려워도 기도하면서 십시일반으로 힘을 모으면 능히 건축할 수 있다는 마음으로 부르다가 응답 받았습니다만 이제는 세사람 이상 전도하여 한사람 이상 결실하자는 이 일도 '할 수 있다, 하면 된다, 해 보자' 하면서 믿음으로 기도하며 긍정 200%로 100% 순종하면 하나님께서 이루어 주실 줄 믿습니다.

11 장

나의 도움이 어디서 올까

내가 산을 향하여 눈을 들리라 나의 도움이 어디서 올까 나의 도움은
천지를 지으신 여호와에게서로다 여호와께서 너를 실족하지 아니하게 하시며
너를 지키시는 이가 졸지 아니하시리로다 이스라엘을 지키시는 이는 졸지도
아니하시고 주무시지도 아니하시리로다 여호와는 너를 지키시는 이시라
여호와께서 네 오른쪽에서 네 그늘이 되시나니 낮의 해가 너를 상하게
하지 아니하며 밤의 달도 너를 해치지 아니하리로다 여호와께서 너를
지켜 모든 환난을 면하게 하시며 또 네 영혼을 지키시리로다 여호와께서
너의 출입을 지금부터 영원까지 지키시리로다 (시 121:1-8)

11장 |
나의 도움이 어디서 올까

오늘 새생명축제 예배에 참여하신 소중한
여러분을 주님의 이름으로 환영합니다.

복된 자리에 잘 오셨습니다. 옆 자리에 함께 앉으신 분들께 이렇게
인사하십시다. 잘 오셨습니다. 환영합니다. 하나님께서 여러분을 사랑
하셔서 여러분의 마음을 움직이시고 여러분의 발길을 인도하셔서 이
자리에 오신 줄 믿습니다. 그렇게 하신 하나님께서 여러분에게 설교말
씀을 통해 아주 소중한 지혜와 복을 주실 줄 믿습니다.

저는 이 시간 하나님께서 우리에게 주시는 시편 121편의 말씀을 전
하려고 합니다. 성경 말씀은 어느 말씀이나 하나님의 말씀이기 때문에
다 소중하고 다 좋아해야 할 말씀입니다만 그래도 많은 사람들이 좋아
하는 말씀이 시편 121편의 말씀입니다. 왜 많은 사람들이 여러 성경
말씀 중에서도 특히 시편 121편 말씀을 좋아하는지는 여러분들도 오
늘 말씀을 듣고 나면 아시게 될 것입니다. 그럼 그 시편 121편 말씀이

어떤 말씀일까요? 궁금하시지요? 먼저 1절 말씀을 보시기 바랍니다.

> 내가 산을 향하여 눈을 들리라
> 나의 도움이 어디서 올까...?

누구나 세상을 살다보면 혼자서는 감당하기 어려운 일들을 만날 때가 있습니다. 일은 닥쳤는데 누가 나서서 도와 줄 사람도 없어 막막할 때 '이 일을 어떻게 하지? 어떻게 이 일을 헤쳐 나가지?' 하면서 멍하니 먼 산을 바라봅니다. 누구에게나 이런 막막한 일을 만날 때가 있습니다. 지금 당장 문제가 없는 사람이라도 앞으로 어떤 어려운 일이 닥칠는지 아무도 모릅니다. 그러기 때문에 스스로 감당하기 어려운 일을 만났을 때 어떻게 해야 닥친 문제를 해결할 수 있는가에 대한 지혜를 미리 알아두는 것이 중요합니다.

그런데 인생살이에 있어서 대단히 중요한 그 지혜가 오늘 본문 말씀에 나와 있습니다. 우리가 세상을 살아가면서 스스로 감당하기 어려운 일을 만났을 때 우리에게 진정으로 도움을 줄 대상은 과연 누구일까요?

> 내가 산을 향하여 눈을 들리라 나의 도움이 어디서 올까
> 나의 도움은 천지를 지으신 여호와에게서로다

그렇습니다. 우리가 세상을 살다가 스스로 해결하지 못하는 문제를 만날 때 진정으로 우리를 도와줄 수 있는 대상은 돈도 아니고, 권력도 아니고, 힘이 있다는 사람도 아니라, 천지를 지으신 하나님뿐이십니다. 그래서 하나님께서 시 146:3,5을 통해 우리에게 이렇게 말씀하십니다.

귀인들을 의지하지 말며
도울 힘이 없는 인생도 의지하지 말지니
야곱의 하나님을 자기의 도움으로 삼으며
여호와 자기 하나님에게 자기의 소망을 두는 자는 복이 있도다

어렵고 힘들다고 사람 의지해서 사람의 도움으로 어려움을 해결하려 하지 말고 하나님을 돕는 자로 알고 하나님을 믿고 의지하라는 것입니다. 그럼 그 하나님은 어떤 분이실까요?

나의 도움은 천지를 지으신 여호와에게서로다(2절)

하나님은 천지만물을 지으신 분이십니다. 우리나라 언어로 하면 조물주이십니다. 조물주이신 하나님께서 세상만물만 지으신 것이 아니라 저와 여러분도 지으셨습니다. 저와 여러분을 부모님 사이에서 태어나게 하신 분이 하나님이십니다. 그러기 때문에 우리에게는 나를 낳고 키워준 육신의 아버지도 있고 나를 부모님에게 태어나도록 보내주신 하나님 아버지도 계십니다. 그러므로 우리는 육신의 어버이께 효도해야 하고 영적인 아버지의 말씀에 순종해 살아야 하는 것입니다. 육신의 부모님께 효도하고 영혼의 하나님 아버지를 잘 믿어서 복 받는 여러분 되시길 주님의 이름으로 축원합니다. 다음으로 하나님은 어떤 분이실까요? 3절 말씀을 보시기 바랍니다.

여호와께서 너를 실족하지 아니하게 하시며
너를 지키시는 이가 졸지 아니하시리로다

우리 주변에 여러 사람들을 보면 열심히 살고 부지런하게 사는데도 하는 일마다 꼬이고 막히고 안 되어서 힘들어 하는 사람들이 많습니다. 길을 가다가 돌부리에 발이 걸려 자빠진 사람처럼 하는 일에 실패한 사람들이 바로 넘어진 사람들입니다. 누구든 가는 길에 실족하여 넘어지면 손해입니다. 공부하는 학생도 사회활동 하는 직장인도, 살림하는 주부도, 신앙생활 하는 교인들도, 실족하여 넘어지면 손해입니다. 좌우지간 여러분이 무엇을 하든지 실족하지 않고 넘어지지 않으시길 소원합니다. 그러려면 어떻게 해야 할까요?

> 네가 말하기를 여호와는 나의 피난처시라 하고
> 지존자를 너의 거처로 삼았으므로(시 91:9)

하나님을 마음속에 모시고 살아야 합니다. 그러면 하나님은 내 몸과 마음을 거처 삼으시고 나와 함께 거하시고 나는 하나님 품을 거처 삼고 하나님 품 안에서 사는 것입니다. 이런 관계를 하나님과 연합한다, 하나님과 동거한다고 합니다. 그러면 어떻게 될까요? 시 91:9을 제가 읽은 후에 여러분들이 10절 말씀을 읽으면서 어떻게 되는지 살펴보시기 바랍니다.

> 네가 말하기를 여호와는 나의 피난처시라 하고
> 지존자를 너의 거처로 삼았으므로
> 화가 네게 미치지 못하며
> 재앙이 네 장막에 가까이 오지 못하리니

그리고 시 91:11-12에 보면

그가 너를 위하여 그의 천사들을 명령하사
네 모든 길에서 너를 지키게 하심이라
그들이 그들의 손으로 너를 붙들어
발이 돌에 부딪히지 아니하게 하리로다

여러분이 하나님을 모시고 살면 하나님께서 여러분의 집을 지켜주셔서 흉한 일들이 가까이 오지 못하도록 지켜주시고, 가슴 아픈 재앙들이 가까지 오지 못하도록 막아주시고, 천사를 동원하여 여러분의 발이 돌에 부딪히지 않도록 하셔서 실족하여 넘어지는 일이 없도록 해주시겠다는 말씀입니다. 할렐루야!

하나님을 믿으시고 하나님의 말씀에 순종해 사심으로 이런 복을 받으시길 주님의 이름으로 축복합니다. 그렇다면 이미 넘어진 사람은 어떻게 해주실까요? 시 37:24을 보시기 바랍니다.

그는 넘어지나 아주 엎드러지지 아니함은
여호와께서 그의 손으로 붙드심이로다

사람이 세상을 살다보면 나 때문이든 환경 때문이든 넘어질 수 있습니다. 그러나 하나님을 믿고 의지하는 사람이 넘어지는 것과 하나님을 믿지 않는 사람이 넘어지는 것은 다릅니다. 하나님을 떠난 사람들이 넘어지는 일이 생기면 아주 잘못되어 버리지만 하나님을 마음에 모시고 하나님의 말씀을 들으면서 사는 사람은 넘어지는 일을 만날지라도 하나님께서 찾아오셔서 손 내밀어 일으켜 세워주십니다. 바로 이점이 하나님을 모시고 사는 사람과 그렇지 않는 사람의 차이입니다. 저와 여러분은 하나님을 모시고 하나님과 함께 살아가는 하나님의 사람들입니다. 할렐루야!

그러기 때문에 그동안 저와 여러분의 삶 속에 넘어지는 일들이 있어도 지금 이렇게 일어서서 앞을 향해 나갈 수 있었으며 앞으로 넘어지는 일이 생기더라도 우리의 하나님 아버지께서는 우리에게 다가오셔서 다시 일어서도록 손 내밀어 일으켜 세워주실 줄 믿습니다.

다음으로 하나님은 어떤 분이실까요?

여호와는 너를 지키시는 이시라
여호와께서 네 오른쪽에서 네 그늘이 되시나니(5절)

하나님은 우리의 그늘이 되어주시는 분이십니다. 햇볕이 내리쬐는 들에서 일하는 농부는 그늘 밑에서 땀을 식히며 쉽니다. 어린 자녀는 부모의 그늘 밑에서 걱정 없이 행복하게 성장할 수 있습니다. 하나님께서 성도들을 그렇게 지키고 보호하신다는 말입니다. 그래서 6절에서는

낮의 해가 너를 상하게 하지 아니하며
밤의 달도 너를 해치지 아니하리로다

고 합니다. 누구든지 하나님을 믿으면 하나님께서 이처럼 그늘이 되어 주셔서 밤낮으로 대적들이 가까이 오지 못하도록 지켜주십니다. 험한 세상, 불안한 세상, 하나님의 그늘 아래 거하시는 이런 복을 받으시길 주님의 이름으로 축원합니다. 다음으로 하나님은 어떤 분이실까요?

여호와께서 너를 지켜 모든 환난을 면하게 하시며
또 네 영혼을 지키시리로다(7절)

하나님은 우리의 육신을 환난에서 지켜주실 뿐 아니라 영혼까지도 지켜주시는 분이십니다. 사람은 몸과 영혼으로 되어 있습니다. 그런데도 이를 모르는 사람들이 많습니다. 육신의 생명만 있는 줄 알지 영적인 생명이 있는 줄을 모르는 사람들이 많습니다. 육신의 배만 채우면 되는 줄 알지 영혼도 영적인 양식을 먹어야 한다는 것을 모르는 사람들이 많습니다. 육신이 잘 되어야 한다는 것을 알면서도 정말 행복하게 살려면 영혼이 잘 되어야 한다는 것을 모르는 사람들이 많습니다. 그러기 때문에 행복하게 살기를 원하지만 행복하게 살지 못하는 것입니다. 사람은 육신과 영혼으로 되어 있습니다.

그러기 때문에 정말 건강하려면 육신이 필요한 음식도 잘 먹어야 하지만 영혼이 필요한 영혼의 양식도 잘 먹어야 합니다. 육신의 양식은 입으로 먹는 음식입니다. 우리 땅에서 나는 곡식과 채소 과일들이 우리에게 가장 좋은 육신의 음식입니다. 보약이 따로 없습니다. 어떤 음식이든지 감사함으로 고루 잘 드시면 그것이 양약이 되고 보약이 되어서 여러분의 육신이 건강하게 될 줄 믿습니다.

그런데 우리 사람들이 먹어야 할 음식은 입으로 먹는 그런 음식만 있는 것이 아니라 눈으로 먹고 귀로 먹어야 하는 양식도 있습니다. 눈으로 먹고 귀로 먹어야 하는 그 영적인 양식이 무엇일까요? 이 신구약 성경이 사람들이 반드시 귀로 먹고 눈으로 먹어야 하는 영혼의 양식입니다.

그러기 때문에 여러분이 진정으로 육신도 건강하고 영혼도 건강하길 원한다면 집에서 성경을 눈으로 읽어야 하고 예배 시간에는 교회에 와서 설교말씀을 잘 들어야 합니다. 지금 이 자리에서 여러분이 들으시는 이 설교가 하나님께서 여러분에게 주시는 오늘의 영혼의 양식입니다. 이렇게 성경 말씀을 집에서 읽고 교회에 나와 설교 말씀을 들을 때

내가 읽고 들은 말씀 다 기억나지 않는 것 같지만 나도 모르는 사이에 내 믿음이 점점 자랍니다. 할렐루야!

저도 그러면서 저의 믿음이 이 만큼 자랐고요, 우리 장로님들, 권사님들, 집사님들도 믿음이 자랐습니다. 여러분의 믿음도 성경 말씀을 읽고 들을 때 자라게 될 것입니다. 성경말씀을 규칙적으로 읽고 설교말씀을 예배 시간마다 나와 들으심으로 여러분의 영혼이 건강하게 되기를 주님의 이름으로 축원합니다. 다음으로 하나님은 어떤 분이실까요? 8절 말씀을 보시기 바랍니다.

여호와께서 너의 출입을 지금부터 영원까지 지키시리로다

사람이 사는 세상은 이 세상만 아닙니다. 사람이 죽은 이후에 가게 될 저 세상이 있습니다. 이 세상의 삶은 길어야 100년 안팎입니다. 그러나 저 세상의 삶은 영원합니다. 그러기 때문에 이 세상만 있는 줄 알고 하나님도 믿지 않고 이 세상 재미만 맛보며 살다가 죽은 사람은 영원한 세상에 가서는 꺼지지 않는 불 가운데서 고통을 당하게 됩니다.

그러나 천지만물과 사람을 지으신 분이 하나님이신 줄 믿는 사람은 이 세상에 사는 동안에도 하나님께서 지켜주시고 하나님의 말씀에 순종해 살다가 죽음을 맞이한 사람은 영원한 저 세상에 가서도 하나님과 함께 영생복락을 누리게 됩니다. 그래서 이 세상에 사는 동안 하나님을 믿는 사람은 이 땅에서도 복을 받고 이 땅을 떠나서도 복을 받고 당대에도 복을 받고 후손도 복을 받게 되는 것입니다.

그러면 사람이 하나님을 어떻게 믿을 수 있을까요?

먼저 내 마음을 하나님께 열고 예수님을 내 마음 속에 모시면 됩니다. 예수님을 내 마음 속에 모시는 방법은 이렇게 기도하면 됩니다. 먼저 예수님을 영접하는 기도 내용을 보시기 바랍니다.

천지를 만드시고 저를 이 땅에 보내주신 하나님!
저는 하나님의 자녀요 하나님은 저의 아버지이신 것을 믿습니다.
저는 이제까지 죄인으로 살았습니다.
이대로 살면 저는 지옥에 갈 수밖에 없습니다.

그래서 저를 지옥가지 않게 해주시려고
하나님의 독생자 예수님을 세상에 보내셔서
저를 대신해서 십자가에 죽게 하신 것을 믿습니다.

제 마음 문을 열고 예수님을 제 마음 속에 주님으로 모십니다.
제 마음에 들어오셔서 지난날의 모든 죄를 용서해주시고
제 마음속에 있는 죄를 멸하여 주시옵소서.

이제부터 예수님의 말씀에 순종하며 살겠습니다.
이제부터 죄를 멀리하며 살겠습니다.
이제부터 하나님만 경배하고 믿음으로 살겠습니다.
저의 남은 삶을 하나님 아버지 앞에 맡기고
성경말씀 따라 살겠습니다.

저를 저의 모든 죄에서 구원하여 주시고
하나님의 자녀가 되게 해주신

예수 그리스도의 이름으로 기도 드립니다. 아멘

이렇게 기도하시면 됩니다. 예수님을 내 마음 속에 모시는 이런 기회는 자주 있지 않습니다. 어떤 분에게는 이런 기회가 인생에 있어서 마지막 기회가 될지도 모릅니다. 이렇게 기도하기 어렵다고요? 어렵지 않습니다. 저를 따라 기도하시면 됩니다.

천지를 만드시고 저를 이 땅에 보내주신 하나님!
저는 하나님의 자녀요 하나님은 저의 아버지이신 것을 믿습니다.

저는 이제까지 죄인으로 살았습니다.
이대로 살면 저는 지옥에 갈 수밖에 없습니다.

그래서 저를 지옥가지 않게 해주시려고
하나님의 독생자 예수님을 세상에 보내셔서
저를 대신해서 십자가에 죽게 하신 것을 믿습니다.

제 마음 문을 열고 예수님을 제 마음 속에 주님으로 모십니다.
제 마음에 들어오셔서 지난날의 모든 죄를 용서해주시고
제 마음속에 있는 죄를 멸하여 주시옵소서.

이제부터 예수님의 말씀에 순종하며 살겠습니다.
이제부터 죄를 멀리하며 살겠습니다.
이제부터 하나님만 경배하고 믿음으로 살겠습니다.
저의 남은 삶을 하나님 아버지 앞에 맡기고

성경말씀 따라 살겠습니다.

저를 저의 모든 죄에서 구원하여 주시고
하나님의 자녀가 되게 해주신
예수 그리스도의 이름으로 기도 드립니다. 아멘!

이렇게 예수님을 믿고 예수님을 마음에 영접한 여러분에게 놀라운
일이 일어났습니다. 어떤 일이 일어났는지 요 1:12과 요 3:16 말씀을
보시기 바랍니다.

영접하는 자 곧 그 이름을 믿는 자들에게는
하나님의 자녀가 되는 권세를 주셨으니
하나님이 세상을 이처럼 사랑하사 독생자를 주셨으니
이는 그를 믿는 자마다
멸망하지 않고 영생을 얻게 하려 하심이라

여러분은 이제 하나님의 자녀가 되었습니다. 여러분은 이제 영생을
얻게 되었습니다. 뿐만 아니라 저와 여러분은 같은 하나님의 자녀가 되
었습니다. 그러면 저와 여러분 우리 사이는 어떤 사이입니까? 형제자
매 사이가 되었습니다.

12 장

❧

동행

수고하고 무거운 짐 진 자들아 다 내게로 오라 내가 너희를 쉬게 하리라
나는 마음이 온유하고 겸손하니 나의 멍에를 메고 내게 배우라 그리하면
너희 마음이 쉼을 얻으리니 이는 내 멍에는 쉽고 내 짐은 가벼움이라
하시니라 (마 11:28-30)

12장 |

동행

오늘은 하나님께서 우리에게 베풀어주신
은혜에 감사하는 추수감사주일입니다.

각자 형편이 다르긴 해도 여기 진열한 풍성한 열매처럼 하나님께서
금년에도 우리에게 많은 복을 주신 줄 믿습니다. 그리고 오늘이 우리
교회 해피데이 예비신자 초청주일인데 이 자리에 반가운 형제자매님들
많이 오셨네요. 좋은 교회 잘 오셨습니다.

제가 어릴 적 학교에 다니던 길 중간 쯤에 조그마한 산이 있었습니
다. 그런데 그곳에 해가 지면 도깨비가 나타나고 비 오는 날 밤에는 몽
달귀신이 나타나고 봄에는 문둥이가 나타나 아이들 간을 빼먹는다는
소문이 있었습니다. 그래서 동네 아이들이 낮에도 그 길을 지나가기를
무서워했습니다.

그런데 저는 그 길을 하나도 무섭지 않게 걸어 다녔습니다. 그 길을

동생과 함께 다녔기 때문입니다. 사실 저도 그 길을 가는 것이 무서웠고 동생은 저보다 훨씬 더 무서워했어도 다닐수 있었던 것은 그 길을 동생은 제 손을 잡고 형인 저를 의지하고 저는 동생 손을 잡고 동생을 의지하고 함께 다녔기 때문입니다.

　이렇게 함께 길을 간다는 것은 중요합니다. 길을 함께 가는 것을 동행이라고 합니다. 동행하는 것이 얼마나 중요한가를 잘 보여주는 시가 있습니다.

　− 사랑의 인사에서/하늘소리가

　손을 잡으면　마음까지 따뜻해집니다.
　누군가와 함께 가면 갈 길이
　아무리 멀어도 갈 수 있습니다.
　눈이 오고 바람 불고 날이 어두워도 갈 수 있습니다.

　바람 부는 들판도 지날 수 있고
　위험한 강도 건널 수 있으며 높은 산도 넘을 수 있습니다

　누군가와 함께라면 갈 수 있습니다
　나 혼자가 아니고 누군가와 함께라면
　손 내밀어 건져 주고 몸으로 막아 주고
　마음으로 사랑하면 나의 갈 길
　끝까지 잘 갈 수 있습니다.

　이 세상은 혼자 살기 에는

너무나 힘든 곳입니다
단 한 사람이라도 사랑해야 합니다
단 한 사람의 손이라도 잡아야 합니다

단 한 사람이라도 믿어야 하며
단 한 사람에게라도
나의 모든 것을 보여 줄 수 있어야 합니다
동행의 기쁨이 있기 때문입니다
동행의 위로가 있기 때문입니다

사람은 혼자 살 수 없습니다. 누군가 옆에 동행하는 사람이 있어야 합니다. 이것은 하나님의 뜻이기도 합니다. 이 세상에 존재하는 천지만물을 지으신 분이 계십니다. 그 분이 조물주이신 하나님이십니다. 그 분 하나님께서 사람도 지으셨는데요, 하나님께서 처음에는 남자만 지으셨습니다. 그 후에 하나님께서 창 1:18에서 말씀하시기를

사람이 혼자 사는 것이 좋지 아니하니
내가 그를 위하여 돕는 배필을 지으리라

하시고 남자의 갈빗대로 여자를 만드셨습니다. 여기서 사람을 지으신 하나님께서 하신 말씀 중에 아주 중요한 진리가 있습니다. 그것은 사람이 혼자 사는 것이 좋지 않다는 말씀입니다. 사람은 인생을 동행해야 한다는 말씀입니다. 사람은 동행하며 살도록 지음을 받은 피조물들입니다.

그래서 아이들도 어려서는 부모님 품 안을 떠나면 큰 일 날 줄 알

다가도 크면 부모보다 친구를 더 좋아합니다. 동성의 친구보다 이성의 친구를 더 좋아합니다. 그러다가 친구들 중 짝으로 만나 결혼 해 가정 이루어 인생길을 동행합니다. 아름다운 동행을 합니다. 멋진 동행을 합니다. 서로 웃어주고 서로 위로하고 서로 손 맞잡고 격려하며 살아갑니다.

그러나 인생을 살다보면 사람과의 동행의 끝이 비극이 되는 경우가 많습니다. 한 달 전 친구에게 자기 집에 놀러오라고 해 놓고 그 친구에게 수면제를 먹이고 결국은 죽음에 이르게 한 친구도 있습니다. 친구도 믿을 수 없는 세상입니다. 보험금을 타기 위해 청부업자에게 부탁해서 남편을 살해한 여인도 있습니다. 부부도 믿을 수 없다는 생각이 들게 합니다.

그렇다고 모든 사람의 관계가 그렇지만은 않습니다. 우리 주변에 아름다운 동행을 하는 친구들도 많고 아름다운 동행을 하는 부부들도 많습니다. 그러나 그런 동행도 영원하지 않습니다.

지난 주일에 우리는 세례식과 성찬식을 하면서 하나님께서 주시는 특별한 은혜를 함께 나누었습니다. 그 중에 당뇨 합병증을 앓던 중 우리 권사님들의 전도를 받고 교회에 출석하기 시작한 분이 계셨습니다. 그 분은 우리교회에 출석하기 시작한 이후로 말씀에 은혜를 받고 예수님을 믿는 기쁨을 느끼면서 구역 식구들과 형제 이상으로 가까이 지내면서 재미나게 신앙생활을 하셨습니다. 그러던 중 그 분이 지난 주일에 학습 서약을 하셨습니다. 예수님에 대한 복음을 듣고 예수님에 대한 본인의 신앙을 고백하고 학습 서약을 하였습니다.

그리고 교회에서 구역 식구들과 점심을 드시고 집에 가시려고 밖에 잠시 앉았다가 그 자리에서 쓰러져 천국에 가셨습니다. 주일 예배를 마친 후 그 분이 그렇게 소천하셨다는 소식을 듣고 저는 많이 당황을 했습니다. 그래서 잠시 기도하는데 하나님께서 제게 이런 말씀을 주셨습니다.

> 내가 그 영혼 더 빨리 부르려다가
> 그 영혼 지옥가면 안 되겠기에
> 학습 받을 때까지 기다렸다가 불렀다.
> 학습 받고 주일 예배드리고 교회에서 마지막 식사하고
> 형제처럼 지낸 구역 식구 교인들 다 보고 오도록 기다렸다가
> 이제 더 이상 질병 안고 고생하지 말고
> 내 곁에 와서 영생복락을 누리라고 불렀다

이번 일을 통해 하나님께서는 한 영혼 한 영혼을 정말 귀하게 여기시고 자상하게 사랑하신다는 것을 느꼈습니다. 하나님께서는 여러분의 영혼도 이처럼 사랑하시는 줄 믿습니다. 그래서 예수님을 믿는 사람들은 죽음 앞에서도 위로가 되고 기쁨이 되는 줄 믿습니다. 하나님의 말씀으로 위로를 받고 장례 집례를 하는데 발인하는 날이었습니다. 장례식장에 도착하니 돌아가신 성도님의 부군께서 아내의 영전 앞에 머리를 숙이고 앉아 계시는 거예요. 그동안 인생길 동행하던 아내 세상 떠난 상실감으로 마지막 길을 떠날 아내의 사진을 바라보시는 모습을 보는 순간 제 목이 메는데 참느라 혼났습니다.

　여기 우리 중에도 동행하던 배우자 먼저 보내고 남이 알지 못하는 어려움을 안고 혼자 힘들게 지내시는 분들이 계십니다. 성도 여러분! 이런 것을 보면서 느껴지는 것이 있지요? 이 세상에서 사람과의 동행이란 필요하기는 하지만 믿었던 친구에게 발등 찍히는 것처럼 온전하지도 않고 함께 지내던 부부도 갑작스런 죽음 때문에 헤어져야 하는 것

처럼 영원하지도 않다고 말입니다. 이것이 우리 인간이 안고 있는 한계입니다.

이것이 우리 인간이 안고 있는 비극입니다. 사람을 지으신 하나님께서는 이런 비극이 사람이 죄를 짓고 나서부터 찾아왔다는 것을 아십니다. 그래서 사람들의 이런 사정을 아시는 우리 예수님께서 마 11:28에서 이런 말씀을 하십니다.

> 수고하고 무거운 짐 진 자들아 다 내게로 오라
> 내가 너희를 쉬게 하리라

또 마 28:20에서는 이런 말씀을 하십니다.

> 내가 너희에게 분부한 모든 것을 가르쳐 지키게 하라
> 볼지어다 내가 세상 끝날까지 너희와 항상 함께 있으리라

무슨 말씀이십니까? 행복을 원해서 사람들과 동행을 하고 행복을 위해서 땀 흘려 수고는 많이 하지만 인생살이의 무거운 짐 때문에 고생만 하는 인생들아 내게로 오라 나와 동행하자 그러면 너희에게 온전한 쉼이 올 것이고 영원한 행복을 누리게 될 것이다는 것입니다. 그렇습니다. 사람이면 누구든지 이 예수님의 말씀을 듣고 예수님과 동행하는 삶을 살기만 하면 그 동행의 길이 헛되지 않을 것이고 우리가 바라고 원하는 온전하고 변치 않는 행복을 누리게 될 수 있습니다.

미국에서 한인목회를 하시는 어느 목사님의 간증입니다. 그 교회 여집사님의 남편이 세계적인 물리학자로 미국정부 핵물리 연구소의 책임연구관으로 있었다고 합니다. 주일이면 자동차로 한 시간이나 걸리

는 교회까지 아내를 태워 주고는 예배가 끝날 때까지 차 안에서 아내를 기다리는 겁니다. 한 두 번이 아니라 매주 그러는 것을 안 목사님이 그분에게 가서 '이왕 여기까지 오셨으니 들어오셔서 함께 차라도 한잔 하십시다'라고 권해도 교회당에 들어가는 것을 극구 사양하는 겁니다.

그래서 하루는 그 교회 담임목사님이 작심하고 "무엇 때문에 교회에 들어오시지 않으려고 하십니까?"라고 물었습니다. 그러자 그 분이 대답합니다. "나는 술과 담배 그리고 골프 치는 재미로 삽니다. 그런데 제가 교회 나가기 시작하면 인생을 무슨 재미로 삽니까?" 그러는 겁니다. 그 후 얼마 지나 목사님에게 급한 전화가 걸려옵니다. 술과 담배 그리고 골프 치는 재미를 잃을까봐 교회에 오지 않는다던 그 분이 중한 병에 걸려 얼마 살지 못할 것 같다는 진단을 받았다는 겁니다.

담임목사님이 그 소식을 듣고 가만히 있을 수 없지요. 병원에 가서 "죽고 사는 것은 하나님께 달려 있으니 이제라도 예수님을 믿으세요" 라고 했더니 그제야 예수님을 믿더라는 겁니다. 그 분이 나중에 죽음을 앞두고 마지막 이런 말을 남겼다고 합니다. "나는 죽을병에 걸려서라도 예수를 믿고 천당 가게 되었으니 나는 수지맞은 사람입니다."

저는 이 간증을 듣는 순간 건강할 때 믿을 일이지 그러면서 그 분이 정말 아쉽기도 했고 그래도 죽기 전에 예수님을 믿었으니 다행스럽다는 생각을 했습니다. 여러분의 생각은 어떠신가요? 누구든 예수님을 믿기만 하면 사람이 이 세상을 살면서 가장 먼저 해결해야 할 죄의 문제를 해결 받습니다. 할렐루야!

누구든 예수님을 믿기만 하면 사람이 안고 있는 가장 큰 문제인 죽음의 문제를 해결 받습니다. 누구든 예수님을 믿기만 하면 사람이 가장 바라는 당대의 복과 후대의 복을 받게 됩니다. 누구든 예수님을 믿기만 하면 사람이 받아야 할 가장 큰 복인 영생의 복을 받게 됩니다. 누구든 예수님을 믿기만 하면 사람이 누려야 할 금생의 복과 내세의 복을 받게 됩니다.

예수님을 믿는 사람에게 하나님이신 예수님께서 동행해 주시기 때문입니다. 그래서 사람이 예수님을 믿는다는 것이 그 무엇보다 중요한 것입니다. 그렇다면 예수님을 믿는 다는 것이 무엇을 믿는 것일까요?

> 하나님이 세상을 이처럼 사랑하사 독생자를 주셨으니
> 이는 그를 믿는 자마다 멸망하지 않고
> 영생을 얻게 하려 하심이라(요 3:16)

예수님이 하나님의 독생자라는 것을 믿는 겁니다.

> 모세가 광야에서 뱀을 든 것 같이 인자도 들려야 하리니
> 이는 그를 믿는 자마다 영생을 얻게 하려 하심이니라(요 3:14-15)

하나님의 독생자이신 예수님께서 이 세상에 오셔서 죄인들이 져야 할 십자가를 대신 지시고 죄인들을 대신해 죽으셨다는 것을 믿는 겁니다.

> 예수께서 이르시되 내가 곧 길이요 진리요 생명이니
> 나로 말미암지 않고는 아버지께로 올 자가 없느니라(요 14:6)

그래서 사람이 구원 받아 하나님께 갈 수 있는 유일한 길은 예수님이시라는 것, 이것을 믿으면 누구든지 죄 용서를 받습니다. 하나님의 자녀가 됩니다. 영생을 얻습니다. 구원을 받습니다. 사람이 이 세상에

사는 동안 받아야 할 가장 큰 복을 받는 것입니다. 그럼 예수님을 믿으려면 어떻게 해야 할까요?

> 내가 문 밖에 서서 두드리노니
> 누구든지 내 음성을 듣고 문을 열면
> 내가 그에게로 들어가 그와 더불어 먹고
> 그는 나와 더불어 먹으리라(계 3:20)

예수님께서 문 밖에 서 계십니다. 사람마다 마음에 문이 있습니다. 이 마음의 문을 열어야 대화가 통합니다. 사춘기에 접어든 아이와 부모가 대화하기 어려운 것은 아이들이 마음의 문을 닫고 열지 않기 때문입니다. 그래서 그런 자식 때문에 속상해 하는 부모들이 많습니다. 한 집에 부부로 살아도 남처럼 지내는 사람들도 있습니다. 법적으로는 부부지만 서로 오해가 있어 마음의 문을 닫아버렸기 때문입니다.

영적으로도 마찬가지입니다. 우리를 사랑하시고 우리를 구원해주시려고 하나님의 독생자 예수님께서 이 땅에 오셨어도 예수님을 향해 마음의 문을 열지 않는 사람은 하나님의 사랑, 예수님의 사랑을 받을 수 없습니다. 예수님께서는 그런 사람들까지도 구원해 주시려고 그런 사람의 마음 문에 서계십니다. 서서 마음의 문을 두드리십니다. 마음 문을 열고 예수님을 믿고 영접하라고 말입니다.

예수님께서는 사람의 마음 문을 본인의 의지와 상관없이도 열 수 있습니다. 그러나 예수님께서는 사람을 인격적으로 대우하십니다. 그래서 마음의 문을 열 때까지 떠나지 않으시고 문 밖에 서서 계시며 문을 두드리고 계십니다. 지금 여러분에게도 마찬가지입니다. 지금 예수님께서 여러분의 마음 문 앞에 서서 여러분의 마음의 문을 두드리고 계십니다.

똑 똑 똑! 똑 똑 똑!

예수님께서 여러분을 향해 두드리시는 이 소리를 들으시기 바랍니다. 하나님이신 예수님께서 여러분을 사랑하셔서 여러분에게 찾아와 마음의 문을 두드리시는 겁니다. 그런 예수님을 외면하면 안 됩니다. 아니 이제 더 이상 외면하시면 안 됩니다. 오늘이 여러분이 구원을 받는 마지막 기회가 될지도 모릅니다.

내가 왔다. 내가 너를 사랑한다. 문 열어라.
문을 열면 내가 너에게 들어가 너와 함께 있으리라.
세상 끝 날까지 너와 동행하리라.

마음 문을 열고 예수님을 여러분의 마음에 모시기 바랍니다. 그래서 험한 세상, 예수님과 함께 사시기 바랍니다. 힘든 세상, 능력의 하나님과 함께 사시기 바랍니다. 외로운 세상, 사랑의 주님과 동행하시기 바랍니다.

여러분이 예수님을 향해 마음 문을 열었으면 어떻게 해야 할까요? 예수님을 마음에 모시는 기도를 하면 됩니다. 이런 기도는 어렵지 않습니다. 기도의 절차나 형식이 중요한 것이 아니라 간절하고 진실한 마음이 중요합니다. 진정으로 예수님을 모시고자 하는 마음으로 이렇게 기도하면 됩니다.

하나님 저는 죄인입니다.

죄 때문에 심판 받고 지옥에 가서 영벌을 받아야 하지만
예수님께서 저의 죄를 용서해 주시려고
저를 대신해서 십자가에 죽임 당하신 것을 믿습니다.
그래서 제 마음의 문을 열고 예수님을 저의 주님으로
모셔 들입니다.
예수님! 제 마음 속에 오셔서 지금부터 영원까지
저의 삶의 주인이 되어 주시고 천국 갈 때까지
저를 인도하여 주세요.

제가 예수님을 믿으므로
저의 죄를 씻어 주시니 감사합니다.
저를 자녀로 삼아주시니 감사합니다.
저를 구원해 주시니 감사합니다.
저를 천국백성 삼아주시니 감사합니다.

천국 갈 때까지 예수님의 말씀을 지켜 살도록 지켜주세요.
예수님 이름으로 기도드립니다. 아멘

여러분은 이제 죄 용서를 받았습니다. 죽었던 영혼이 살아났습니다. 여러분은 이제 마귀의 자녀가 아니라 하나님의 자녀가 되었습니다. 여러분은 이제 천국 백성이 되었습니다. 여러분은 구원 받은 성도가 되었습니다.

그런즉 누구든지 그리스도 안에 있으면 새로운 피조물이라
이전 것은 지나갔으니 보라 새것이 되었도다(고후 5:17)

하심과 같이 여러분은 예수님을 믿어서 새로운 피조물이 되었습니다. 새사람이 되었습니다. 결혼한 새댁이 이전과는 다른 새로운 이름으로, 새로운 신분으로, 새로운 삶을 사는 것처럼 우리가 예수님을 믿어 새사람이 되었으니 우리도 새 이름으로, 새로운 신분으로, 새로운 삶을 살아야 합니다. 어떻게 사는 것이 새사람으로 새롭게 사는 것일까요? 이제 여러분의 마음에 예수님의 영이신 성령님이 들어오신 것을 믿고 성령의 인도하심을 받으며 살아야 합니다.

마음에 성령님을 모시고 사는 사람은 일요일을 주님의 날로 알고 주일에 교회에 나와 하나님께 예배드리며 복을 받으며 살아야 합니다. 그러면 하나님께서 예배를 통해 은혜도 주시고, 지혜도 주시고, 능력도 주시고, 복도 주십니다. 마음에 성령님을 모시고 사는 사람은 성경을 하나님의 말씀으로 알고 성경말씀을 규칙적으로 읽고 들으며 읽고 들은 성경 말씀을 지켜 살면서 복을 받아야 합니다.

다음으로 마음에 성령님을 모시고 사는 새사람은 성령의 인도하심을 따라 살면서 복을 받아야 합니다. 성령님은 지혜의 신이십니다. 그러므로 여러분이 성령님의 인도하심대로 살아간다면 여러분은 인생을 지혜롭게 살 수 있습니다. 성령님은 능력의 신이십니다. 그러므로 여러분이 성령님의 인도하심대로 살아간다면 여러분은 인생을 능력있게 살 수 있습니다.

성령님은 장래의 일도 다 아시는 전지의 신이십니다. 그러므로 여러분이 성령님의 인도하심대로 살아간다면 여러분은 불안한 시대에 살아도 확신을 가지고 담대하고 밝게 살 수 있습니다. 성령님은 가장 탁월한 인생의 인도자이십니다. 그러므로 여러분이 성령님의 인도하심대로 살아간다면 여러분은 이 세상에서도 망하는 길을 가지 않게 될 것이고 이 세상의 수한을 다한 후에도 지옥에 가지 않고 천국에 가도록 여러분을 인도하실 것입니다.

그래서 예수님을 믿고 영접하는 것이 사람이 이 세상에서 누려야 하는 최고의 복인 것입니다. 여러분은 이제 이런 복을 받은 사람이 된 줄 믿으시길 소원합니다. 성령님은 마귀를 이기시는 장래의 일도 다 아시는 신이십니다. 그러므로 여러분이 성령님의 인도하심대로 살아간다면 여러분은 불안한 시대에 살아도 확신을 가지고 담대하고 밝게 살 수 있습니다.

여러분은 이제 예수님을 믿는 사람들입니다. 하나님의 자녀들입니다. 예수님을 믿는 하나님의 자녀들을 하나님은 사랑하십니다. 늘 함께 하시고 삶 속에 동행하십니다. 도와주십니다. 인도해 주십니다. 치료해 주십니다. 채워 주십니다. 위로해 주십니다. 복된 길로 인도해 주십니다.

하나님과 동행하는 이런 복된 삶을 오늘만 아니라 우리의 생명 다할 때까지 누리며 복되게 살아가시길 주님의 이름으로 축원합니다.

13 장

만남의 축복

예수께서 이르시되 내가 곧 길이요 진리요 생명이니
나로 말미암지
않고는 아버지께로 올 자가 없느니라 (요 14:6)

13장 |

만남의 축복

1943년 어느 가을 맑은 날 피카소가 집 주위를 산책하다가 길가에 버려진 자전거 한대를 발견하고 집으로 가져옵니다.

그리고 안장과 핸들을 떼어 분리한 후 그 자전거 안장에 핸들을 거꾸로 붙이고 그 작품의 이름을 '황소머리'라고 지었습니다. 우리가 보아도 볼품이 없어 보이는 물건입니다. 아이들이 장난 삼아 만든 물건으로 보입니다. 그런데 이 작품이 50년이 지난 후 런던의 경매장에 매물로 나왔는데요, 293억 원에 팔렸습니다. 아무도 눈여겨보지 않았던 버려졌던 그 자전거가 피카소를 만나자 300억 원짜리 작품으로 탈바꿈을 하게 된 것입니다.

사람도 누구를 만나느냐에 따라 이렇게 운명이 달라집니다.

따라서 저는 이 시간 새가족 여러분과 함께 사람에게 만남이 얼마나 중요한가에 대한 말씀을 나누려합니다. 말씀을 잘 들으시면 여러분도 가장 복된 만남의 복을 받게 될 줄 믿습니다.

"인생은 만남으로 시작되고 만남으로 끝난다"고 하지요? 대부분 그렇게 생각합니다만 사실 인생이란, 만남으로 시작하여 만남으로 끝나는 것이 아니라 만남으로 시작한 인생 새로운 만남으로 다시 시작하는 것입니다.

그래서 인생에 있어서 만남이라는 것이 중요한데 사람에게 가장 처음으로 이루어지는 만남이 부모님과의 만남입니다. 부모님에 따라 국적이 정해집니다. 부모님에 따라 성씨가 결정되고요, 부모님의 교육과 경제와 인격수준에 따라 금수저 흙수저가 결정됩니다. 그래서 나는 왜 살기 좋은 잘사는 나라에서 태어나지 못하고 이런 나라에서 태어났을까 원망하는 사람이 있습니다. 남들은 백 있고 돈 많은 부모 만나 금수저 물고 태어나 돈 걱정 하지 않고도 잘도 사는데 나는 왜 그러지 못해 이 고생을 하며 살아야 하는가? 불평하는 사람도 있습니다.

그럼 여러분은 어떤가요? 여러분은 부모 잘 만나는 복을 받았다고 생각하시나요? 아니면 부모를 잘못 만나서 남들이 하지 않는 고생을 하고 있다고 생각하시나요? 사람에게 있어서 두 번째로 중요한 만남은 스승과의 만남입니다. 사람이 부모님을 만나면서 국적과 성씨가 결정이 된다면 어떤 스승을 만나느냐에 따라 인격의 성숙과 사회적인 위치가 달라지기 때문입니다. 스승을 잘못 만나서 인생을 망친 사람도 있지만 스승을 잘 만나서 엄청난 복을 받은 사람들도 있습니다.

그 중에 한 사람을 소개하지요. 헬렌 켈러(Helen Adams Keller)라는 미국 사람인데요. 이 사람은 태어난 지 19개월 만에 열병을 앓다가 시각과 청각을 잃었습니다. 그래서 그는 볼 수도 없었고 들을 수도 없었으며 말도 할 수도 없는 삼중 장애인으로 살아야 했습니다. 그랬으니 그가 정상적으로 자라기 어려웠습니다. 사회생활은 물론 학교에도 다니지 못할 형편이었습니다. 그래서 헬렌은 어릴 적부터 짜증내고 불평하고 물건을 내던지고 소리를 지르며 아주 난폭한 반항적인 아이로 자랐습니다.

그러던 헬렌이 일곱 살 때 설리번이라는 가정교사를 만나게 됩니다. 그녀는 헬렌을 부모보다 더 자상하게 돌보고 가르칩니다. 볼 수 없는 아이의 손바닥에 수화 알파벳으로 사물의 이름을 가르치기 시작합니다. 자신의 후두에 헬렌의 손가락을 대어 말할 때 소리의 진동을 느끼도록 하면서 말하는 법을 익히게 합니다. 이런 자상한 가르침과 사랑에 아무 것도 할 수 없었던 헬렌이 달라지기 시작합니다. 얼굴이 펴집니다. 불평불만이 사라집니다. 할 수 있다는 자신감을 갖게 됩니다. 열심히 공부를 합니다. 그렇게 사춘기를 지낸 헬렌은 1900년에 래드클리프대학에 진학하여 우등생으로 졸업을 하였습니다.

그 후에 헬렌은 평생을 자기와 같은 장애를 입고 힘들어하는 장애우들을 위해 헌신하게 됩니다. 일평생 비참하게 살면서 다른 사람의 도움을 받아야 했던 그녀가 다른 많은 사람들을 섬기는 새 사람이 된 것입니다. 그러는 그를 보는 사람들이 그를 삼 중 장애인의 성인이라고 칭송하자 그는 사람들에게 이렇게 말하였습니다. "오늘의 내가 된 것은 위대한 나의 스승 설리번 선생님을 만났기 때문입니다. 내가 만일 눈을 뜬다면 제일 먼저 보고 싶은 사람이 설리반 선생님입니다."

좋은 스승을 만나는 것이 인생에 이렇게 중요한 것입니다. 그러면 여러분은 어떤가요? 여러분은 좋은 스승을 만나는 복을 받았다고 생각하시나요? 아니면 스승을 잘못 만나 내 인생 망쳤다고 생각하시나요? 사람에게 세 번째로 중요한 만남은 배우자와의 만남입니다. 러시아 격언 중에 이런 말이 있습니다.

바다로 갈 때는 한 번 기도하고,

전쟁터로 나갈 때는 두 번 기도하고.

결혼할 때는 세 번 기도하라

무슨 말입니까? 배우자를 만나는 것이 인생에 있어서 그만큼 어렵고 중요한 일이다는 말입니다. 그도 그럴 것이 우리 주변에서 보면 남편과 아내가 서로 잘 만나서 행복하게 사는 부부가 있습니다. 그런데 반대로 배우자를 잘못 만나 일평생 힘들게 불행하게 살아가는 사람도 있습니다.

그러니 남자는 좋은 여자를 만나야 하고 여자는 좋은 남자를 만나야 행복하게 살 수 있습니다. 서로 잘 만나야 하지요. 그런데 부부 사이에는 남자보다는 여자의 역할이 더 중요하다고 합니다. 왜 그런지 탈무드에 나오는 이야기를 들어보시기 바랍니다.

탈무드란 기원전 500년부터 기원후 500년까지 1000년 동안 유대인들의 입으로 전해오던 교훈들을 2000명의 학자들이 10년에 걸쳐 정리해서 만든 책으로 세계에서 성경 다음으로 많은 사람이 읽는 유명한 책인데요. 그 책에 착한 부부에 대한 이야기가 있습니다.

이 부부는 아주 착했습니다. 남편도 착했고 아내도 착한 사람으로 잘 살고 있었는데 무슨 이유인지 모르지만 안타깝게도 이혼하게 됩니다. 그래서 착했던 남편이 재혼을 하고 착했던 아내도 재혼을 했는데 착했던 남편은 악한 여자를 아내로 맞았고 착했던 아내는 악한 남자를 만나 살게 되었습니다. 그런데 여러 해를 지난 후에 보니까 두 부부는 전혀 다른 모습으로 변해 있었습니다. 착했던 그 남자는 새로 만난 악한 여인 때문에 악하게 변해버렸고, 착했던 그 여자를 만난 악한 남자는 착한 아내 때문에 착한 남자로 변해버렸습니다.

평소에 착했던 남자가 악한 여자에게 악한 말, 부정적인 말, 독한 말, 사나운 말을 자꾸 듣다 보니 자기도 모르는 사이에 악한 남자가 되어버린 것입니다. 반면 평소에 악했던 남자는 착한 여자를 만나 늘 선한 말, 착한 말, 아름다운 말, 겸손한 말, 긍정적인 말을 듣다보니 자기도 모르는 사이에 착한 남자가 되어버린 것입니다. 그래서 남자는 여자하기에 달려 있다는 말이 나온 것 같습니다. 그러면 여러분은 어떤가요? 여러분은 배우자를 잘 만났다고 생각하시나요? 아니면 내 일생에 최고의 실수는 배우자를 잘못 만난 것이다라고 생각하시나요?

사람에게 네 번째로 중요한 만남은 친구의 만남입니다. 우리말에 '그 친구를 보면 그 사람을 알 수 있다'는 말이 있습니다. 같은 의미로 영어 속담에 "A man is known by the company he keeps(사람은 사귀는 친구를 보면 알 수 있다)"는 말이 있습니다. 하나님의 말씀인 성경에서도 잠 13:20에

지혜로운 자와 동행하면 지혜를 얻고
미련한 자와 사귀면 해를 받느니라

고 합니다. 왜냐하면 사람은 평소에 가까이 지내는 사람의 영향을 받기 때문입니다. 제가 외국에서 선교사로 사역을 할 때 그곳에 많은 사람들이 이민을 왔는데요. 공항에서 누구를 만나느냐에 따라 교민생활이 달라진다는 말을 들었습니다. 한국생활을 청산하고 새로운 나라에 오는 사람은 모든 것이 새롭잖아요. 그래서 공항에 마중 나온 사람의 안내를 받아야만 하는데 공항에서 청소업을 하는 사람을 만나면 그 사람도 청소업을 하면서 열심히 일하면서 사는 사람이 됩니다.

그런데 공항에서 골프치는 사람을 만나면 그 사람도 경제활동을 할

생각은 하지 않고 골프 치는 사람이 되어버리고 낚시를 좋아하는 사람을 만나면 그 사람도 낚시하는 사람이 되는 겁니다. 이민생활도 어떤 사람을 친구로 만나느냐가 중요한 것입니다. 여러분들도 그동안 많은 친구들을 만났을 것입니다만 그 친구들 중에는 유익을 주는 친구도 있었을 것이고 해를 끼친 친구도 있었을 것입니다. 그렇다면 여러분은 친구 때문에 좋은 일이 많았습니까? 아니면 잘못 만난 친구 때문에 인생살이 손실이 많았습니까?

저는 지금까지 만남에 대해 말씀을 드리면서 여러분에게 네 가지 질문을 드렸습니다. 여러분은 친구 때문에 좋은 일이 많았습니까? 아니면 잘못 만난 친구 때문에 인생살이 손실이 많았습니까? 여러분은 배우자를 잘 만났다고 생각하시나요? 아니면 내 일생에 최고의 실수는 배우자를 잘못 만난 것이라고 생각하시나요? 여러분은 좋은 스승을 만나는 복을 받았다고 생각하시나요? 아니면 스승을 잘못 만나 내 인생 망쳤다고 생각하시나요? 여러분은 부모 잘 만나는 복을 받았다고 생각하시나요? 아니면 부모를 잘못 만나서 남들이 하지 않는 고생을 하고 있다고 생각하시나요? 여러분 각자 대답해 보시기 바랍니다.

제가 어떤 분에게 "선생님은 참 복을 많이 받으신 것 같습니다"라고 했더니 그 분이 정색을 하면서 이렇게 말합니다. "복요? 저는 복이라는 것은 받은 것이 없습니다. 남들은 부모 복을 받았다고 하던데 나는 부모 복도 받지 못했고 그렇다고 신랑 복을 받은 것도 아니고 그렇다고 자식 복을 받은 것도 아니고 받은 복이라고는 일복 밖에 못 받았습니다."

여러분 중에도 이와 비슷한 생각을 하는 분이 있을 것입니다. '나는 그동안 좋은 만남의 복을 받지 못한 사람이다'라고 말입니다. 그럴 수 있습니다. 그러나 여러분 중에 혹시 그런 분이 계실지라도 전혀 낙심할 필요는 없습니다. 왜냐하면 여러분에게는 지금의 인생을 역전시킬 기회가 있기 때문입니다.

어떻게 하면 인생역전의 기회를 잡을 수 있을까요? 여러분들이 지금까지 어떤 만남을 했든지 이제부터는 지혜로운 친구를 가까이 하면 됩니다. 이제부터는 아무나 가까이 하지 말고 진실한 친구, 부지런한 친구, 믿음의 친구를 사귀셔야 합니다.

그런 친구가 오늘 여러분을 이 자리에 오도록 한 친구입니다. 오늘 여러분을 이 자리에 오도록 한 친구는 여러분이 이 땅에서도 복 받으며 살게 하고 싶고 여러분이 이 세상을 떠난 후에도 지옥에 가서 벌 받지 않고 천국에 가서 영생복락을 누리게 하려고 여러분을 마음에 품고 그 동안 여러분의 이름을 부르며 하나님께 복 부어주시라고 여러분을 위해 기도하던 사람입니다.

어릴 적 같이 자라던 고향 친구도 좋고 어릴 적 같은 학교를 다니던 동창 선후배 친구도 좋지만 그보다 더 좋은 친구는 나를 위해 기도해 주는 친구요, 나를 위해 전도해 주는 친구가 더 귀한 친구입니다. 왜냐 하면 기도하는 친구를 가까이 하고 전도하는 친구를 가까이 하면서 오늘처럼 교회에 나오시면 친구 따라 강남 간다는 말처럼 여러분도 예수님을 만나는 복을 받을 수 있기 때문입니다. 할렐루야!

여러분 중에 혹시 무지하고 가난한 부모 만나서 상대적인 박탈감에 소망도 없이 살고 있다는 분이 있을지라도 예수님을 만나기만 하면 여러분이 생각하기에 부모님을 잘 만났다고 부러워하는 그 사람보다 여러분이 훨씬 더 행복하게 잘 살 수 있습니다. 할렐루야! 여러분 중에 혹시 만나도 웬수같은 사람 만나서 내 인생 망쳤다고 생각하는 사람이라도 예수님을 만나기만 하면 여러분이 생각하기에 신랑 잘 만나 팔자 고쳤다고 생각하는 그 사람보다 여러분이 훨씬 더 행복하게 잘 살 수 있습니다.

실제로 그랬던 한 사람을 소개하지요. 2008년 '포브스'라는 미국 경제잡지에서 그 해 가장 영향력 있는 유명인사 100인을 선정해서 발표했는데요. 1위로 선정된 사람은 당시 골프 황제 타이거 우즈가 아니었습니다. 노벨상을 수상한 과학자나 정치인도 아니었습니다. 당시 54세의 '오프라 윈프리'라는 여인이었습니다.

그녀가 어떤 사람이었기에 그런 영광을 얻게 되었을까요? 그녀는 부모를 잘 만나 금수저를 물고 태어난 사람이 아니었습니다. 권력 있고 백 있는 명문 가문의 자식으로 태어난 사람도 아니었습니다. 이 여인은 인종차별이 극심한 미시시피 주에서 태어난 흑인이었습니다. 그것도 가난한 흑인출신 사생아로 아버지도 없이 태어난 사람이었습니다.

그래서 그는 아버지도 없이 여섯 살 때까지 외가에서 자랐고, 열 세살 때까지 파출부로 일하던 편모슬하에서 자랐습니다. 그러다가 열 아홉살 때까지는 다른 여자와 살고 있는 아버지 집에서 자랐습니다. 그랬으니 이 사람이 제대로 된 교육이나 받았겠습니까? 충분한 사랑을 받았겠습니까? 그러지 못했습니다.

들의 잡초처럼 자란 그녀는 사춘기를 지나면서 마약에 손을 대기도 하고, 가까운 친척에게 성폭행도 당했습니다. 난잡한 성생활로 인해 결혼도 하기 전에 아이를 낳아 미혼모가 되었습니다. 남의 가게에서 물건을 훔치다 적발되어 소녀 감호소에도 출입하기도 했습니다. 누가 보아도 사회 밑 바닥인생, 저주받은 인생을 살았던 사람이었습니다.

그러던 그녀가 열 아홉살 때부터 방송국 사회자로 활동하기 시작합니다. 54세가 되던 2008년 2009년이 되어서는 세계에서 가장 영향력 있는 인물로 선정된 것입니다. 그녀는 당시 1년에 약 3천억 원의 수입을 올릴 만큼 돈을 많이 벌었습니다. 세계적인 억만장자가 되었습니다. 그리고 그녀는 많은 돈을 자기처럼 가난한 이웃들을 위해 사용했습니다. 2006년 한 해에만 600억 원을 사회에 기부하여 자선금 기부왕에 선정되기도 했습니다.

미국 사회에서 가장 비참한 환경에서 태어난 그녀. 부모도 잘못 만났지요 배우자도 잘못 만났지요 주변 사람들도 잘못 만났지요. 행복의 조건이라고는 하나도 없던 그녀의 인생이 어떻게 해서 이렇게 180도 바뀌게 되었지요?

단 한 가지 이유가 있었습니다. 그것은 그녀가 예수님을 만났기 때문입니다. 그녀가 예수님을 만난 후 무지하고 가난한 집에 아버지도 없이 태어나 주변 사람들에게 받았던 마음과 몸의 상처를 치유 받았습니다. 치유를 받고나니 자존감을 회복되었습니다. 모든 수치심이 사라졌습니다. 죄인이 아닌 하나님의 자녀로 당당하게 살아갈 힘을 얻게 되었습니다.

그의 과거를 아는 사람들이 그녀를 향해 흑인 뚱뚱이라 놀립니다. 마약에 손댔고, 강간당했고, 사생아를 낳은 여자라고 하면서 과거를 들추며 괴롭힙니다. 그럴 때마다 그는 당당하게 말하게 되었습니다. "So What?(그래서?) 지금 그렇지 않으면 됐지 그게 어때서?" 그녀는 예수님 때문에 이렇게 당당해졌습니다. 어느 누구 앞에서도 당당한 사람이 되었습니다. 예수님을 만난 후에 그가 변한 겁니다. 예수님을 만난 후, 망가진 그녀의 인생이 흥하는 인생으로 바뀐 것입니다.

여러분도 마찬가지입니다. 여러분도 그녀가 만난 예수님을 만날 수 있습니다. 여러분도 예수님을 만나면 오프라 윈프리 이 사람보다 더 멋진 훌륭한 사람으로 변할 수 있습니다.

예수님은 하나님께서 우리의 죄를 용서해 주시고 구원해 주시려고 보내신 하나님의 아들이십니다. 그 예수님은 죄 없이 이 세상에 태어나셨습니다. 죄 없이 사셨습니다. 그런데 예수님께서 죽으실 때에는 사형

수들이 죽임을 당하는 사형틀인 십자가에 처형당하셨습니다.

좀 이상하지요? 죄 없이 이 세상에 태어나신 예수님께서 죄 없이 사셨는데 왜 사형틀에 처형당하셨는지 말입니다. 그 이유는 예수님께서 죄인인 저와 여러분의 죄를 대신 지시고 저와 여러분 대신 죽임을 당하셨기 때문입니다. 그리고 예수님은 죽임을 당한지 사흘 만에 다시 살아나셨습니다.

예수님이 하나님의 아들이라는 것, 예수님께서 내 대신 십자가에 죽임을 당하셨다는 것, 죽임을 당하신 예수님은 다시 살아나셨다는 것, 이것을 믿는 것이 예수님을 믿는 것입니다. 누구든지 이런 예수님을 믿으면 놀라운 일이 일어납니다. 어떤 놀라운 일이 일어날까요?

하나님이 세상을 이처럼 사랑하사 독생자를 주셨으니
이는 그를 믿는 자마다 멸망하지 않고
영생을 얻게 하려 하심이라(요 3:16)

죄 용서를 받습니다. 죽었던 영혼이 살아납니다. 영생을 얻습니다. 멸망 받을 일이 없어지게 됩니다. 누구든지 이런 예수님을 믿으면 어떤 놀라운 일이 일어날까요?

영접하는 자 곧 그 이름을 믿는 자들에게는
하나님의 자녀가 되는 권세를 주셨으니(요 1:12)

마귀의 자녀였던 사람이 하나님의 자녀가 됩니다. 누구든지 이런 예수님을 믿으면 어떤 놀라운 일이 일어날까요?

네가 만일 네 입으로 예수를 주로 시인하며
또 하나님께서 그를 죽은 자 가운데서 살리신 것을
네 마음에 믿으면 구원을 받으리라(롬 10:9)

구원을 받게 됩니다. 그래서 예수님께서 요14:6에서 말씀하시기를

내가 곧 길이요 진리요 생명이니
나로 말미암지 않고는 아버지께로 올 자가 없느니라

고 하셨습니다. 예수님을 믿으면 예수님께서 만나주시고 하나님께로 나아가는 천국 길을 열어주십니다. 불안하고 어려운 일 만났을 때 언제든 어디서든 하나님께 기도할 수 있는 특권을 주시고 기도할 때 문제를 해결해 주십니다. 응답해 주십니다. 치료해 주십니다. 인도해 주십니다. 위로해 주십니다. 복을 부어 주십니다. 언제나 어디서나 함께해 주십니다. 그러니 사람이 이 세상을 살아가면서 만나야 할 가장 중요한 만남이 예수님을 만나는 것입니다.

이 세상에서 아무리 부유하고 부귀영화를 누린다 할지라도 예수님을 만나지 못하면 그 사람은 불행한 사람입니다. 세상에서 잠시 잠깐은 성공한 것 같이 보일지라도 그에게는 심판이 기다리고 있고 심판 이후에는 지옥에 가서 영벌을 받아야 하기 때문에 예수님을 만나지 못한 사람은 불행한 사람입니다. 그래서 우리 예수님은 지금도 여러분을 기다리고 계십니다. 기다리셔도 그냥 기다리시는 것이 아니라 계 3:20의 말씀처럼

볼지어다 내가 문 밖에 서서 두드리노니

누구든지 내 음성을 듣고 문을 열면

내가 그에게로 들어가 그와 더불어 먹고

그는 나와 더불어 먹으리라

여러분의 마음 문 앞에서 여러분의 마음의 문을 두드리고 계십니다. 사랑하는 형제자매 여러분! 지금 이 시간이 여러분이 예수님을 영접할 수 있는 기회입니다. 여러분의 마음 문만 열면 예수님은 여러분 마음속에 들어가실 것입니다. 그러면 여러분은 하나님을 모시고 사는 하나님의 자녀가 될 것입니다. 이 세상에 살지라도 천국을 예약하고 사는 천국백성이 될 것입니다. 그렇게 되면 세상이 여러분을 감당하지 못하게 될 것입니다. 마귀가 여러분을 함부로 대하지 못할 것입니다. 여러분은 여러분의 한계를 뛰어 넘는 삶을 살게 될 것이고 여러분은 예수님의 능력으로 승리하는 삶을 살게 될 것입니다.

그런 복을 받기를 원하시는 여러분을 제가 도와드리겠습니다. 예수님을 믿는 것과 예수님을 영접하는 것은 어렵지 않습니다. 먼저 예수님을 향해 마음을 여세요. 그리고 이렇게 기도하시면 됩니다.

하나님! 저는 죄인입니다.

그러나 예수님의 음성을 듣고 제 마음 문을 엽니다.

예수님을 저의 마음에 주님으로 믿고 모십니다.

하나님께서 예수님을 믿는 저의 죄를 용서해주실 줄 믿습니다.

저를 하나님의 자녀로 삼아주시는 줄 믿습니다.

하나님 아버지!

이제부터 하나님의 자녀로 예배드리며

말씀을 들으며 살겠습니다.

천국 가는 그 날까지
저를 다스려 주시고, 인도하여 주옵소서.
예수님의 이름으로 기도합니다. 아멘.

하나님께서 여러분의 기도를 들어주신 줄 믿습니다. 여러분은 죄
용서를 받으셨습니다. 하나님의 자녀가 되셨습니다. 하나님의 자녀는
세상 유행 따라 살지 말고 하나님의 말씀을 들으며 살아야 합니다. 그
러면 하나님께서 이 세상에 사는 동안에도 함께 하여 복을 주시고 자녀
와 생업에도 복을 주시고 이 세상을 떠날 때에도 지옥가지 않고 영생
복락을 누릴 천국으로 인도해 주실 것입니다. 그래서 예수님을 만나고
예수님을 믿는 것은 이 세상에서도 복을 받는 일이고 저 세상에서도 복
을 받는 일이며 나도 복을 받고 자녀도 복을 받는 일입니다. 할렐루야!
이런 복을 받으신 여러분을 축하합니다.

14 장

주님! 저에게 빈 방이 있습니다

볼지어다 내가 문 밖에 서서 두드리노니 누구든지
내 음성을 듣고 문을 열면 내가 그에게로 들어가
그와 더불어 먹고
그는 나와 더불어 먹으리라 (계 3:20)

14장 |

주님!
저에게 빈 방이 있습니다

여러분! 퀴즈를 내겠습니다.

1) 세상에서 가장 가기 어려운 곳이 어디일까요?
2) 세상에서 가장 가기 쉬운 곳이 어디일까요?

그곳은 교회입니다. 교회라는 곳은 사람들이 가장 가기 힘들어하는 곳이기도 하지만 사람들이 가장 가기 쉬운 곳이기도 합니다. 여러분 중에도 어릴 적 친구들과 교회에 가본 적이 있었고 힘들고 어려울 때면 가고 싶기도 한 곳이었지만 막상 교회에 가자고 하면 정말 가기 힘든 곳이 교회였을 것입니다. 그렇다고 교회에 높은 문턱이 있는 것도 아닌데 대부분의 사람들이 교회에 대해서 그렇게 생각하는 것이 사실입니다.

그런데도 여러분께서 오늘 이렇게 우리교회에 찾아오신 것은 하나님께서 여러분에게 복 주시려고 여러분의 마음을 움직였기 때문이고 하나님께서 여러분에게 복 주시려고 여러분의 걸음을 인도해주셨기 때문인 줄 믿습니다. 그리고 여러분들이 이제는 나도 하나님 믿고 살아야겠다는 마음으로 어려운 결단을 하신 결과인 줄 믿습니다.

여러분! 오늘은 정말 기쁘고 복된 날입니다. 왜냐하면 오늘은 우리의 죄를 대신 지시고 십자가에 죽임 당하신 예수님께서 다시 살아나신 것을 기념하는 부활절이기 때문입니다. 그래서 저와 우리교회 교우들이 예수님께서 죽음의 문제를 해결해 주시고 다시 사셔서 우리에게 부활의 소망을 주신 이 기쁨을 여러분과 함께 나누고 싶어서 여러분을 이 자리에 초대한 것입니다.

우리 주변에 좋은 교회들이 많습니다. 그런데 우리교회는 다른 좋은 교회들보다 조금 더 좋은 교회입니다. 왜 그런지는 나중에 말씀드리기로 하고 오늘 우리교회를 찾아오신 형제자매 여러분 좋은 교회 참 잘 오셨습니다.

저는 엊그제 TV를 통해 뉴스를 보다가 너무 가슴 아팠습니다. 뭐라고 할 말이 없었습니다. 지난 4월 17일 지방 어느 아파트에 살던 한 40대 남자가 한 밤 중에 자기 집에 휘발유를 붓고 불을 질렀습니다. 그리고 이 사람은 아파트 통로에 칼을 들고 기다리다가 화재경보 소리를 듣고 황급하게 피하는 이웃 주민들을 마구 찔렀습니다. 그래서 그 칼에 주민 5명이 죽고 15명이 부상을 당하는 끔찍한 일이 일어났습니다. 소름끼치는 일입니다.

저는 이 사건을 보면서 사람이 무섭다는 생각이 들면서 잊으려 해도 잊혀지지 않는 지나간 사건들까지 떠올랐습니다. 부부가 서로 폭행을 하고, 아들이 부모를 살해하고, 난민들이 목숨을 걸고 탈출을 하고, 테

러로 수 많은 사람들이 희생을 당하고, 음주 운전으로 인한 교통 사고 때문에 애꿎은 사람들이 죽거나 다치기도 한 사건들입니다.

여러분! 세상이 어쩌다 이렇게 변해버렸지요? 어쩌다 사람이 이렇게 악해져버렸지요? 세상이 본래 이랬을까요? 사람이 본래 이렇게 악했을까요? 그렇지 않습니다.

이 세상은 우연히 생긴 것이 아니라 하나님께서 만드셨습니다. 세상에 사는 사람 역시 우연히 생겨난 것이 아니라 하나님께서 지으셨습니다. 하나님은 이 세상만물을 지으신 조물주이십니다.

조물주이신 하나님께서 지으셨던 처음 세상은 미움도 없었고 싸움도 없는 그야말로 평화롭고 아름다운 모습이었습니다. 조물주이신 하나님께서 지으셨던 처음 사람은 하나님의 성품으로 지음 받아 착하고 선했습니다. 그래서 모든 사람의 선조인 첫 사람 아담과 하와는 하나님께서 지어주신 에덴동산에서 정말 행복하게 살고 있었습니다. 이것이 하나님께서 본래 지으신 세상의 모습이었고 이것이 하나님께서 본래 지으신 사람의 모습이었습니다.

이런 세상과 이런 사람의 모습이 우리가 보기에도 '이게 아닌데...' 라고 느낄 정도로 변해버린 것을 보면 무언가 그럴만한 이유가 있을 것이라는 것을 느낄 수 있습니다. 여러분! 그 이유가 무엇일까요? 결론부터 말씀드리면 그 이유는 사람이 죄를 지었기 때문이고 사람이 죄를 짓게 된 이유는 마귀 때문입니다. 마귀 때문에 사람이 죄를 짓기 시작했고 사람이 마귀 때문에 죄를 짓더니 죄 때문에 그렇게 하나님 말씀 지키며 행복하게 살던 사람이 짐승보다 못하게 사는 사람으로 불행해진 것입니다.

여러분! 그럼 그 마귀는 어떤 존재일까요? 마귀는 사람들이 부르기를 보통 사탄이라고 하기고 하고 귀신이라고 하기도 하는데 저는 이 시간 이를 통틀어 마귀라고 하겠습니다. 마귀는 천사가 하나님 앞에서 교만 떨다가 하늘에서 쫓겨난 타락한 악한 영입니다. 타락했어도 마귀는 영이기 때문에 영적인 세계에서 활동합니다. 그래서 이 세상에는 하나님의 영이신 성령의 활동도 있지만 이 마귀의 영의 활동도 있어서 사람들이 이 두 영의 영향을 받으며 살고 있는 것입니다.

그럼 성령과 마귀의 활동은 어떨까요? 성령은 사람들이 하나님의 말씀에 순종하도록 하는 역할을 합니다. 마귀는 사람들이 하나님의 말씀에 거역하도록 하는 역할을 합니다. 마귀는 하나님과는 언제나 반대로 행동하고 사람들도 하나님과는 언제나 반대되는 행동을 하도록 합니다.

성령은 사람이 선하게 살기를 원하는데 마귀는 사람이 악하게 행동하도록 충돌질합니다. 성령은 사람이 하나님과 가까이 하기를 원하는데 마귀는 사람이 하나님을 멀리하도록 미혹합니다. 성령은 사람이 하나님의 말씀을 믿고 순종하기를 원하는데 마귀는 사람이 하나님의 말씀을 의심하고 거역하도록 유혹합니다. 성령은 사람이 용서하고 사랑하며 더불어 같이 살기를 원하는데 마귀는 사람이 미워하고 싸우며 죽이며 대립하며 살도록 유혹합니다. 이것을 알고 세상을 보면 우리 주변에서 일어나는 문제의 원인을 새롭게 보는 눈이 열리게 됩니다.

지금 우리 주변에서 일어나는 끔찍한 일들의 배후에는 마귀가 있습니다. 우리는 죄를 짓는 사람을 나쁘다고 생각하지만 사실 더 나쁜 놈은 그 사람이 아니라 그 사람에게 나쁜 짓을 하게 하는 마귀라는 놈입니다.

우리는 말썽을 피우는 아이들이 나쁘다고 생각하지만 사실 진짜 나쁜 놈은 말 안 듣는 아이가 아니라 그 아이 속에 들어가 그 아이가 부모님의 말도 듣지 않고 부모를 거역하게 만드는 마귀가 진짜 나쁜 놈입니다.

　요즈음 고부간에 관계가 나빠져 힘들어 하는 가정도 있습니다. 부부 간에 관계가 깨져 힘들어 하는 부부도 있습니다. 그럴 때 우리는 시어머니는 며느리 때문에 못 살겠다고 하고 며느리는 시어머니 때문에 못살겠다고 합니다. 그럴 수 있습니다. 그러나 문제가 시어머니에게 있고 문제가 며느리에게 있다 하더라도 사실은 시어머니가 본래부터 나쁜 것도 아니고 며느리가 본래부터 나쁜 것이 아니라 그 시어머니 속에 들어가 농간 부리게 하는 마귀가 나쁜 놈이고 그 며느리 속에 들어가 혼란스럽게 만드는 마귀가 나쁜 놈입니다.

　요즈음 질병으로 고생하는 분들이 참 많습니다. 병도 그렇습니다. 사람이 아무리 중한 병에 걸렸어도 그 병의 원인을 파악하면 쉽게 치료가 됩니다. 그러나 하찮은 질병이라도 그 병의 원인을 찾지 못하면 하찮은 그 병으로 그 사람이 죽습니다.

　이처럼 개인이든 가정이든 사회든 문제가 생기면 그 문제 해결을 위해서는 그 원인부터 찾아야 하고 그 원인을 찾았으면 그 원인을 제거를 해야 하는 줄 믿습니다. 하나님께서 지으신 착하고 선했던 사람이 악해진 것도 마귀 때문이었습니다. 마귀가 에덴동산에 살던 하와에게 찾아갔습니다. 그리고 친절한 척 웃으면서 말을 겁니다.

　하나님이 참으로 너희에게 동산 모든 나무의 열매를
　먹지 말라 하시더냐
　너희는 먹지도 말고 만지지도 말라
　너희가 죽을까 하노라 하셨어
　아니야　너희가 결코 죽지 아니하리라
　너희가 그것을 먹는 날에는 너희 눈이 밝아져

하나님과 같이 되어 선악을 알 줄 하나님이 아심이니라
그래? 그렇다면 하나님이 우리를 속이셨다는 말이네???
맞아 맞아 하나님이 너희를 속이신 거야

마귀가 거짓말을 하며 하와를 속여 죄 짓게 하고 있는데 하와는 그
것을 모르고 마귀가 하는 말만 들으면서 하나님에 대한 의심을 하기 시
작합니다. 그 의심의 눈으로 동산 중앙에 있는 선악을 알게 하는 나무
를 봅니다. 그랬더니 이상한 일이 일어납니다.

그 나무를 본즉 먹음직도 하고 보암직도 하고
지혜롭게 할 만큼 탐스럽기도 한 나무인지라

그래서 하와가 그 열매를 따먹습니다. 그리고 자기와 함께 있는 남
편에게도 주어 먹게 합니다. 우리 인류의 할아버지와 할머니인 아담과
하와가 이렇게 마귀의 유혹을 받아 하나님의 말씀을 거역한 것입니다.
하나님의 명령을 어기는 죄를 지은 것입니다.

그 결과 하나님께서 사람에게 주신 하나님의 형상이 떠나면서 마
귀의 성품이 찾아와 사람이 악해지기 시작하였습니다. 영원한 영적인
생명은 죽어버렸고 육신에도 죽음이 찾아오게 되었습니다. 에덴동산
에서 쫓겨나게 되었습니다. 사람이 죄를 지었기 때문에 죄를 지은 사
람이 사는 자연도 오염되기 시작하였습니다. 사람에게 있던 행복은 떠
나고 이 세상에 사는 것이 고통이요 고생스런 불행한 인생으로 변해버
렸습니다.

죄로 오염되고 타락한 사람들이 이루고 사는 이 세상은 세월이 지
날수록 더 악해지고 타락해지고 있습니다. 사람이라면 누구나 행복하

게 사람답게 살기를 원하는데 그렇게 되지 못하는 이유는 죄 때문이고 마귀 때문입니다.

그러기 때문에 사람이 본래의 모습으로 회복하려면 죄의 문제를 해결해야 하고, 죄 문제를 해결하려면 죄 없는 사람이 죄 지은 사람을 대신해서 죽음으로 죄의 댓가를 치러야 합니다. 세상에서 죄를 지으면 벌금을 내든지 징역살이를 하든지 해야 지은 죄가 해결되는 것처럼 말입니다.

그런데 문제는 이 세상에 죄 없는 사람이 없다는 겁니다. 사람은 다 하나님 앞에 죄인입니다. 다 허물이 많습니다. 타고난 죄도 있고 살면서 스스로 지은 죄도 있고 그래서 이 세상에 죄 없고, 허물없는 사람이 없습니다. 그러기 때문에 죄를 지은 사람은 죄의 삶에서 벗어날 수 있는 방법이 없었습니다. 죄인으로 태어나 죄를 짓고 살다가 죄인들이 가야하는 지옥에 가서 영벌 받아야 이것이 죄인이 된 사람의 운명 피할 수 없는 운명이었습니다.

이를 가장 안타깝게 여기신 분은 하나님이셨습니다. 하나님은 사람을 지으신 아버지이시기 때문입니다. 그래서 하나님께서 사람을 사랑하셔서 사람이 해결하지 못하는 죄의 문제를 해결해 주셨습니다. 그것이 무엇인지 요 3:16-17에 나와 있습니다.

하나님이 세상을 이처럼 사랑하사 독생자를 주셨으니
이는 그를 믿는 자마다 멸망하지 않고
영생을 얻게 하려 하심이라
하나님이 그 아들을 세상에 보내신 것은
세상을 심판하려 하심이 아니요
그로 말미암아 세상이 구원을 받게 하려 하심이라

하나님께서 사람의 죄 문제를 해결해 주시려고 죄 없는 사람을 이 세상에 보내셨습니다. 죄 없는 사람이 이 세상에 없기 때문에 하늘에서 죄 없는 사람을 보내신 것입니다. 그 분이 바로 하나님의 독자 아들 예수님이십니다. 그 예수님께서 사람들의 죄를 한 몸에 대신 지시고 죄인을 죽이는 사형틀인 십자가에 죄인들을 대신해 못 박혀 죽어주셨습니다. 죄 없으신 예수님께서 죄인 된 사람들의 죄 값을 대신 치러주셨습니다. 그리고 장사 지내신 예수님께서 말씀하시던 대로 죽은 지 사흘 만에 다시 살아나셨습니다. 부활하신 것입니다.

이것을 기념하는 날이 오늘 부활절입니다. 우리 때문에 우리 대신 죽으신 것도 감사한 일인데 우리에게 다시 사는 복을 주시려고 부활하신 것은 더 감사할 일인 줄 믿습니다. 예수님께서 부활하신 것처럼 여러분도 부활의 복을 받으시길 주님의 이름으로 축원합니다.

이런 복을 받기 위해 우리가 이제 해야 할 일이 있습니다

그것은 예수님께서 십자가에 죽임을 당하신 것이 내 죄 때문이라는 것과 예수님께서 십자가에 죽임을 당하신 것이 나를 대신하여 죽임을 당하셨다는 것을 믿는 일입니다.

이것을 믿기만 하면 누구든지 죄가 용서됩니다. 하나님의 자녀가 됩니다. 천국백성이 됩니다. 하나님의 자녀가 누리는 복을 누리며 살 수 있습니다. 이 땅에서도 천국을 맛보며 살 수 있습니다. 사는 동안 하나님의 인도를 받으며 살게 됩니다. 문제가 있을 때마다 하나님께 기도할 수 있는 특권이 주어집니다. 당대에 복을 받습니다. 후대가 복을 받습니다. 영혼이 잘되고 육신의 삶이 잘 되는 복을 받습니다. 죽어도 천국에 가서 영생복락을 누리는 복을 받게 됩니다. 오늘 이 자리에 나오신 여러분 모두 이런 복을 받으시길 축원합니다.

예수님을 믿으려면 마음 문을 열고 예수님을 향해 '예수님 저에게 빈방이 있어요'라고 해야 합니다. 이렇게 예수님께 마음의 빈방을 내주기만 하면 죄 용서를 받고 하나님의 자녀가 되고 영육이 잘 되는 대박 나는 복을 받는데도 많은 사람들은 아직도 예수님을 향해 '빈방이 없습니다'라고 말해서 문제입니다.

그래서 사람이 안고 있는 죄 문제를 해결할 수 있는 절호의 기회를 놓칩니다. 예수님을 향해 마음을 열지 못하기 때문에 저주에서 벗어날 수 있는 절호의 기회를 놓치고 영육이 잘 되는 복을 받지 못합니다. 예수님께 내 빈방을 내주지 못하기 때문에 나도 잘 되고 자식들도 잘 되는 복을 받는데도 그 기회를 놓치는 것입니다. 예수님께 내 마음의 방을 내드리기만 하면 당대도 잘되고 후대도 잘 되는 복을 받고 금생과 내세에 복을 받을 수 있는데도 '내게 빈방이 없습니다. 내게 예수님을 믿을만한 여유가 없습니다.' 그러면서 기회를 놓칩니다.

이 자리에 오신 여러분은 그러지 마시기 바랍니다. 오늘 이 순간이 여러분의 운명이 바뀔 수 있는 기회인 줄로 믿으시길 소원합니다. 이 땅에 오신 하나님이신 예수님, 내 대신 십자가에 죽임을 당하신 예수님, 부활하신 예수님을 향해 여러분 이렇게 외쳐보세요.

"예수님 여기 빈방이 있습니다!"
"예수님 저의 마음에 예수님 머무실 빈방이 있습니다!"

여러분이 그러려면 어떻게 해야 할까요? 계 3:20에 이런 말씀이 있습니다.

볼지어다 내가 문 밖에 서서 두드리노니
누구든지 내 음성을 듣고 문을 열면
내가 그에게로 들어가 그와 더불어 먹고
그는 나와 더불어 먹으리라

하나님이신 예수님은 지금도 여러분의 마음 문 앞에 찾아오셨습니다. 부활하신 예수님께서 지금 여러분의 마음 문을 두드리십니다.

똑 똑 똑!!! 네가 오늘 나 찾아 여기 왔지?
나도 너를 만나러 왔다. 네 마음의 빈방, 마음 문을 열어라!

예수님의 이 음성을 듣고 여러분이 여러분의 마음 문을 열기만 하면 부활하신 예수님께서 여러분의 마음 그 빈방에 들어가십니다. 그러면 여러분은 하나님을 모시고 사는 사람이 될 것입니다. 그렇게 되면 여러분은 하나님을 모시고 사는 하나님의 자녀가 되기 때문에 악한 영마귀가 여러분을 함부로 하지 못하게 될 것입니다.

여러분은 마귀를 꾸짖어 물리치는 권세를 가지고 살게 될 것이고 망할 세상에 매이지 않고 영원한 나라를 바라보고 살아가는 소망의 사람이 될 것이며 여러분은 언제든지 어디서든지 하나님과 소통하는 형통한 사람이 될 줄 믿습니다.

이제 여러분이 여러분의 마음속에 예수님을 영접할 수 있도록 도와드리겠습니다. 우리 모두 예수님을 내 마음의 중심에 모셔 들이는 마음으로 저를 따라 예수님 영접 기도를 하시기 바랍니다.

하나님 저는 죄인입니다.

죄 때문에 심판을 받고
장차 지옥 갈 수 밖에 없는 사람이지만
하나님의 아들 예수님께서 저의 죄를 대신하여
십자가에 죽어주신 것을 믿습니다.
이 시간 제 마음의 문을 열고
예수님을 저의 구주로 영접합니다.
제 마음 속에 들어오셔서
지금부터 예수님께서 저의 삶의 주인이 되어 주시고
천국 갈 때까지 저를 인도하여 주옵소서.

저의 믿음을 보시고
말씀대로 저의 죄를 씻어 주시니 감사합니다.
저를 하나님의 자녀로 삼아주시고
지옥이 어떤 곳인 줄도 모르고 지옥으로 달려가고 있던 저를
구원해 주시니 감사합니다.

저의 생명 다할 때까지
교회에서 하나님의 말씀 지키며 주님과 함께 살게 도와주세요.
예수님의 이름으로 영접기도 드립니다. 아멘

　이 자리에 함께 한 성도 여러분! 그리고 새가족 여러분! 이제 여러분은 예수님을 믿는 하나님의 자녀가 되었습니다. 여러분이 오늘 이 자리에 나오신 것은 정말 행운 중에 행운입니다. 왜냐하면 우리 주변에는 예수님을 믿자고 하면서 전도하는 사람들이 많지만 믿어도 잘못 믿는 사람들이 너무 많기 때문입니다.

사람이 하나님을 믿어도 성경에서 말하는 하나님을 믿어야 합니다

사람이 하나님을 믿어도 성경대로 믿어야 성경에서 말하는 복을 받을 수 있습니다. 그런데 말은 하나님을 믿는다고 하고 예수님을 믿는다고 해도 성경에서 말하는 하나님이나 예수님이 아니라 교주를 하나님으로 둔갑시켜 교주를 믿도록 하는 사람들이 많습니다. 이런 사람들을 이단이라고 합니다. 내가 하나님 어머니라고 말하는 사람을 믿는 사람들이 있습니다. 그런 하나님 어머니를 믿어야 한다고 말하며 교회가자고 전도하는 사람들이 있습니다. 내가 성령님이라고 말하는 교주도 있고 그 성령님을 믿자고 하며 전도하는 사람들도 있습니다. 그들은 교인들을 교묘한 방법으로 미혹합니다.

최근에 신천지에서 교인들을 미혹하고 있다는 제보를 우리교회 어느 집사님께서 해주셨습니다. 중국 북한 선교봉사자 협회라는 이름으로 최근에 하는 교인들 미혹 방법이 성경을 필사해서 북한과 중국에 보내는 일에 참여할 성경필사 봉사자를 모집한다는 것입니다.

길거리에 파라솔을 펴 놓고 참여할 봉사자들을 모집합니다. 이런 사람들을 만나면 북한 선교에 관심이 있고 성경을 써야겠다는 마음이 있는 교인들은 선한 일에 동참하는 마음으로 그들이 주는 지원서에 이름 주소 전화번호를 적어줍니다. 그러면 그들은 그 지원한 사람들을 모아 놓고 성경을 쓰게 하면서 신천지 교인이 되게 만드는 것입니다. 이런 정보를 모르면 믿어도 잘 못 믿는 이단들에게 속게 됩니다. 그래서 믿어도 성경대로 바르게 잘 믿어야 하는 것입니다.

그런데 우리교회는 성경대로 가르치는 교회입니다. 성경대로 살려고 최선을 다하는 교회입니다. 교회 생활과 가정생활에 균형을 유지하며 신앙생활을 하도록 하는 교회입니다. 우리교회에 출석하는 학생들에게 믿음도 좋고 공부도 잘하도록 지도하는 교회입니다. 이웃에게 본이 되는 교회입니다. 우리나라 뿐 아니라 세계를 품고 선교하는 교회입니다. 미래를 준비하는 교회입니다. 주변 여러 교회들 중에 주일학교 교육을 제일 잘하는 교회입니다.

그래서 우리교회는 믿어도 성경대로 바르게 잘 믿는 교회입니다. 그래서 우리교회는 이웃에 많은 좋은 교회들 중에 조금 더 좋은 교회입니다. 이런 좋은 교회에 오신 여러분을 환영합니다. 여러분들이 오늘 하루만 아니라 앞으로도 계속해서 우리교회를 중심으로 신앙생활을 잘 하셔서 악한 세상에서도 주님의 보호를 받으며 영육이 잘 되는 행복한 신앙생활을 하시길 주님의 이름으로 축원합니다.

15 장

아버지의 마음

하나님은 모든 사람이 구원을 받으며 진리를 아는 데에 이르기를 원하시느니라
하나님은 한 분이시요 또 하나님과 사람 사이에 중보자도 한 분이시니
곧 사람이신 그리스도 예수라 그가 모든 사람을 위하여 자기를 대속물로
주셨으니 기약이 이르러 주신 증거니라 (딤전 2:4-6)

15장 |
아버지의 마음

> "사람이 사람이면, 다 사람인가? 사람이 사람
> 다워야 사람이지"

여러분! 이런 말을 들어 보셨지요? 사람답지 못한 사람을 탓할 때에
쓰는 말입니다. 우리가 다 사람으로서 사람을 사람다운 사람과 사람답
지 못한 사람으로 나눈다는 것 자체가 매우 슬픈 일이지만 정말 사람답
지 못하게 사는 사람들이 있는 것이 사실입니다.

어떤 사람이 그런 사람들입니까? 이런 관점으로 그런 사람들을 찾
으려 하면 우리의 머릿속에 어렵지 않게 떠오르는 사람들이 있습니다.
작년 10월, 고등학교 진학문제로 자기를 꾸짖는다고 아버지와 어머니
그리고 여동생과 할머니를 죽이고 그것을 숨기기 위해 집에 불까지 지
른 사람답지 못한 중학생이 있었습니다. 아직 철이 들지 않아서 그랬을
까요? 한 달 전에는 아내와 두 아들 그리고 부모까지 죽인 정말 사람답
지 못한 무서운 40대 남자도 있었습니다.

사람으로서 어떻게 그런 짓을 할 수 있습니까? 짐승이 아니고서야 어떻게 사람으로서 그런 짓을 저지를 수 있다는 말입니까? 이런 사람들을 '인면수심'이라고 하지요? 정말 사람 같지 않은 짓을 한 짐승 같은 사람들입니다. 그러나 사람답지 못한 이런 모습들은 그런 특별한 사람들에게만 있는 것이 아닙니다. 정도는 다를지라도 우리에게도 답지 못하게 행동하는 모습들이 있습니다.

그 중에서도 저는 이 시간 자녀로서 부모님의 마음을 헤아리지 못하고 불효하며 살다가 철이 든 이후에 어버이께 글과 노래로 고백하는 자식의 마음을 소개하려고 합니다. 한 여인이 자식을 낳고 어머니가 되고서야 철이 들어 자기 어머니께 올리는 글을 들어보시기 바랍니다.

소중한 내 엄마께...
엄마! 두 아이를 낳아보니
이제야 엄마의 사랑이 어떤 것이었던 것을 깨닫습니다.

열 손가락 깨물어 안 아픈 손가락 없다는 말
그 말이 진실임을 이제야 알아갑니다.

아이 낳기 전에는
엄마 속 무던하게도 썩혔던 제가
이제는 두 아이의 엄마가 되어서야
엄마를 이해하고
엄마 맘을 헤아리게 되었습니다.
나이보다 더욱 늙어버리신 엄마를 볼 때마다
그것이 못난 나 때문인 것 같아

속상하고 마음이 아파
뵐 때마다 속으로 눈물을 흘립니다.

쭈글거리는 얼굴도
엉성하게 말라붙은 몸도
다 자식들에게
나눠준 사랑 때문 같아서 민망합니다.

엄마가 내 곁에
이렇게 건강하게 오래오래 계셔주시는 것만으로
저는 세상에서 부러울 것이 없는 딸이랍니다.
엄마 사랑합니다. 엄마 사랑합니다.

이번에는 철든 자식이 아버지께 부르는 노래입니다. 가사를 보시기 바랍니다.

아버지 당신의 마음이 있는 곳에
나의 마음이 있기를 원해요
아버지 당신의 눈물이 고인 곳에
나의 눈물이 고이길 원해요

아버지 당신이 바라보는 영혼에게
나의 두 눈이 향하길 원해요
아버지 당신이 울고 있는 어두운 땅에
나의 두 발이 향하길 원해요

나의 마음이 아버지의 마음 알아

내 모든 뜻 아버지의 뜻이 될 수 있기를

나의 온몸이 아버지의 마음 알아

내 모든 삶 당신의 삶 되기를

저도 자식을 키우는 아버지 입장입니다만 자식들이 아비의 마음을 몰라줄 때가 가장 서운하고요 하찮은 일이라도 자식이 아비의 마음을 알아줄 때가 너무 좋데요. 그래서 자식이 효도한다는 것이 다른 것이 아니라 부모님의 마음을 알아 부모님이 원하는 것을 해드리는 것이라는 것을 부모가 되어서야 깨닫습니다. 두 아이를 낳아 기르면서야 어머니의 마음이 어떤가를 깨달았다는 그 여인처럼 말입니다. 우리는 부모를 둔 자녀들입니다. 어버이의 마음을 헤아릴 줄 아는 여러분 되셔서 효자 효녀들 다 되시길 주님의 이름으로 축원합니다.

다음으로 우리가 알아야 할 것이 또 하나 있습니다. 그것은 우리가 육신의 부모에게 효도를 할뿐 아니라 예수님을 믿어 하나님의 자녀가 된 성도로서 하나님 아버지께도 효도해야 한다는 것입니다.

성도 여러분! 여러분은 신앙생활을 하면서 하나님 아버지께 효도해야 한다는 것을 생각해 본 적이 있습니까? 내가 하나님께 효도하기 위해 하나님 아버지의 마음이 어떤가를 생각해 본 적이 있습니까? 철이 들기 전까지 우리들이 살기 바쁘고 복잡하다는 핑계로 부모님의 뜻을 헤아리지 못하고 내 생각만 하고 살았듯이 우리가 하나님을 믿고 신앙생활을 한다고 하면서도 하나님 아버지의 뜻은 헤아릴 줄 모르고 내 생각 내 뜻대로만 신앙생활을 해온 것이 사실입니다.

그러나 이제 그렇게 철없는 아이처럼 신앙생활을 하면 안 됩니다. 철이 들지 않았을 때 부모님의 뜻을 헤아리지 못하고 나 잘난 줄 알고 내 생각대로만 살면서 많은 시행착오를 겪었던 때처럼 살면 안 됩니다. 예수님을 믿고 하나님을 내 아버지로 믿는다면 우리는 아버지 하나님의 마음을 알아야 할 줄 믿습니다. 하나님 아버지께서 나에게 원하시는 뜻이 무엇인가를 알고 그 아버지 하나님의 뜻대로 살려고 해야 합니다.

아버지의 마음이 있는 곳에
나의 마음이 머물도록

해야 하고

아버지의 눈물이 고인 곳에
나의 눈물이 고이도록

해야 합니다. 그렇게 사는 성도가 정말 성도다운 성도이며 철이 든 성도인줄 믿습니다.

그렇다면 성도 여러분! 우리의 하나님 아버지께서 눈물을 흘리시면서 까지 우리에게 원하시는 바가 무엇이라고 생각하십니까? 하나님의 형상을 따라 지음 받은 사람들이 사람답게 살지 못하고 가서는 안될 지옥으로 달려가고 있습니다. 지옥이 어떤 곳인지 여러분은 아시지요? 죽음과 동시에 한 번 들어가면 영원히 나올 수 없는 고통의 장소 꺼지지 않는 불 속에서 죽을 자유도 박탈당한 상태로 영원히 벌을 받아야 하는 곳이 지옥입니다.

이 세상에 이 지옥에 가본 사람은 없습니다. 한 번 죽으면 나올 수 없는 곳이기 때문입니다. 그런데도 사람들은 신자든 불신자든 지옥에 가라고 하면 다 싫어합니다. 이 세상에서도 가장 어렵고 힘든 고통의 상황을 "지옥같다"고 말합니다. 사람들은 무의식 속 희미하게라도 인생의 운명을 느끼기 때문에 누구나 지옥이라는 말도 싫어하고, 지옥에 가는 것을 싫어합니다.

그러면서도 이상한 것은 이렇게 사람에게 중요한 일인 "지옥에 가느냐? 지옥에 가지 않느냐?"의 문제에 대해서는 깊이 생각하지 않으려 합니다. 별 유익도 없는 것에 정신이 팔려 살아갑니다. 기운찬이 무궁화 양과 결혼을 할까? 못할까? 무엇이 그렇게 중요합니까? 어차피 지어낸 이야기인데 말입니다.

맨체스터 유나이티드 팀이 유럽 축구에서 몇 등 하는 것이 무엇이 그렇게 중요합니까? 대부분의 사람들에게 이런 일은 별로 중요한 문제가 아닙니다. 그런데도 많은 사람들이 이런 별로 중요하지도 않은 일에 정신이 팔려 정말 신경을 써야할 것에 대해서는 무관심해버립니다.

하나님을 믿는 우리 성도들은 달라야 합니다. 하나님을 믿는 우리 성도들은 하나님 아버지의 마음을 아는 일에 관심을 가지고 살아야 합니다. 하나님 아버지의 마음이 무엇입니까? 오늘 본문의 말씀을 보십시오.

하나님은 모든 사람이 구원을 받으며
진리를 아는 데에 이르기를 원하시느니라(딤전 2:4)

그렇습니다. 하나님 아버지께서는 모든 사람들이 예수님을 믿어 구원받기를 원하신다는 것입니다. 그런데 어떻습니까? 우리 주변에 아직도 예수님을 믿지 않는 사람들이 많습니다. 우리 가정에 아직도 예수님을 믿지 않는 사람들이 많습니다. 우리 친구들 중에 아직도 예수님을 믿지 않는 사람들이 많습니다. 우리 직장에 아직도 예수님을 믿지 않는 사람들이 많습니다. 우리 이웃들 중에 아직도 예수님을 믿지 않는 사람들이 많습니다. 하나님 아버지께서는 이런 사람들도 어서 예수님을 믿고 구원 받기를 원하십니다. 그렇게 하려면 어떻게 해야 합니까? 롬 10:13-14을 보시기 바랍니다.

> 누구든지 주의 이름을 부르는 자는 구원을 받으리라
> 그런즉 그들이 믿지 아니하는 이를 어찌 부르리요
> 듣지도 못한 이를 어찌 믿으리요
> 전파하는 자가 없이 어찌 들으리요

무슨 말입니까? 사람은 누구든지 예수님을 믿기만 하면 구원을 받는데 믿으려면 복음을 들어야 하고 불신자가 복음을 들으려면 예수님 믿는 사람들이 전해주어야 하는데 예수님을 믿으면서도 불신자들에게 복음을 전해주지 않으면 불신자들이 어떻게 예수님을 믿어 구원을 받을 수 있겠느냐?

그러기 때문에 하나님 아버지의 뜻대로 불신자들이 예수님을 믿고 구원을 받으려면 예수님을 믿는 성도들이 불신자들에게 찾아가 전도를 해야 한다는 것입니다. 그래서 예수님께서 승천을 하시면서 유언 하시기를

> 너희는 가서 모든 민족을 제자로 삼아
> 아버지와 아들과 성령의 이름으로 세례를 베풀고
> 내가 너희에게 분부한 모든 것을 가르쳐 지키게 하라 (마 28:19-
> 20)

고 하셨습니다. 무슨 말씀입니까? 열심히 불신자 전도를 해서 교회를 부흥시키라는 말씀입니다. 불신자를 전도해서 교회가 부흥되는 것이 하나님 나라가 확장되는 것이고, 하나님 나라가 이 땅에 확장되는 것이 불신자들이 구원 받기를 원하시는 하나님의 뜻을 이루는 일이기 때문입니다. 그러기 때문에 불신자 전도!! 교회 부흥!!! 이것이 예수님께서 이 세상에 남아 있는 우리 교회와 우리 성도들에게 주신 명령이자 사명인 줄 믿습니다.

이런 주님의 명령이행과 사명감당을 잘 하라고 은혜 충만한 우리교회를 세워 주신 줄 믿습니다. 이런 하나님의 뜻을 잘 이루라고 저와 여러분을 은혜 충만한 우리교회 교인 삼아 주신 줄 믿습니다. 이런 불신자 전도를 더 잘 하라고 은혜 충만한 우리교회 새성전을 건축하게 하신 줄 믿습니다. 그래서 우리는 새성전 건축기념으로 "새성전 건축 감사 해피데이 전도축제"를 하려고 합니다.

우리교회 "새성전 입당 감사 해피데이 전도축제"는 새성전에 입당하는 부활절부터 8주간 실시할 것입니다. 이 8주간 동안 여러분들께서 해피데이 전도시스템 대로 따라 하기만 하면 여러분 각자 1+1 이상 전도 결실을 하게 될 것입니다. '나는 전도를 못한다'고 의심하면 안 됩니다. '나도 할 수 있다' '나도 1+1을 할 수 있다'고 믿으시길 소원합니다. 믿으면 믿는 대로 응답이 될 줄 믿습니다. '할 수 있을까?' 의심하면 안 됩니다. '나는 못해.' 불신하면 안 됩니다.

'나는 안 된다. 못한다'는 불신을 몰아내고 하나님께서 원하시는 일이니 '나도 할 수 있다'는 긍정과 믿음으로 조직과 영성으로 하나 되어 절대순종으로 나갈 때 여러분이 전도하기를 원하는 예비신자의 영혼 속에 새 생명이 꽃 피게 될 것이고 여러분의 끝없는 섬김을 통해 그 영혼의 열매가 구원으로 맺혀 질 것입니다. 할렐루야!!

그러면 여러분의 전도를 통해 예수님을 믿게 되는 사람들은 전도해 준 여러분을 평생 잊지 못하고 감사하며 하나님의 자녀로 복되게 살 것입니다. 그리고 여러분은 그렇게도 열망하던 1+1도 결실하게 될 것입니다. 그러면 은혜충만한 축복의 동산 우리교회도 배가 부흥하게 될 것입니다.

전도하는 우리를 인하여 하나님 아버지께서 기뻐하실 줄 믿습니다. 전도에 참여한 여러분들도 신수성가의 축복을 받게 될 것입니다. 이런 역사적인 복된 행사에 여러분 모두 먼저 기도로 동참하시다가 하나님 아버지를 기쁘시게 해드리는 영적인 효자들 되시길 주님의 이름으로 축원합니다.

16 장

예수님을 만나보세요

하나님이 세상을 이처럼 사랑하사 독생자를 주셨으니 이는 그를 믿는 자마다
멸망하지 않고 영생을 얻게 하려 하심이라 하나님이 그 아들을 세상에
보내신 것은 세상을 심판하려 하심이 아니요 그로 말미암아 세상이 구원을
받게 하려 하심이라 (요 3:16-17)

16장 |
예수님을 만나보세요

어느 시골집에서 명절을 준비하고 있었습니다.
온 가족이 둘러앉아 인절미를 만드는데 젊은 색시가 인절미를 만들다 말고 고물을 묻혀 남편의 입에다 쏙 넣어주고, 쏙 넣어 줍니다. "자기야 떡 맛있어?" 남편은 너무 좋아합니다. 안방에서 그 모습을 바라보던 아버지의 목에 침이 넘어갑니다. 그래도 가장 체면에 갖다 주기도 전에 '그것 나도 하나 먹자'는 말도 못하고 그저 먼 산을 멀뚱멀뚱 쳐다보고 있습니다.

때마침 시어머님이 들어옵니다. "아버님께 떡 갖다 드렸니?" "아니요. 다 만들어서 드리려고요." 그러자 시어머니가 떡을 접시에 담습니다. 그리고 김치국물을 곁들여서 아버님께 갖다 드립니다. 아버지가 그것을 붙들고 볼이 미어터지도록 몇 개 잡숫더니 아들 쪽을 향하여 소리지르기를 "야 이놈아, 너만 색시 있냐? 나도 색시 있다" 그러더랍니다.

사랑하는 여러분! 누군가가 나를 생각해 주고 내 이름을 불러주는 사람이 옆에 있다는 것은 행복한 것입니다. 할렐루야! 저도 오늘 우리 교회를 오신 여러분 모두를 진심으로 환영합니다. 그동안 여러 사정으로 결석하시다가 오늘 출석하신 가족여러분 그동안 평안들 하셨지요? 반갑습니다. 특별히 오늘 우리교회를 처음으로 오신 새가족 여러분! 어려운 걸음 하시느라 고생하셨습니다.

우리교회 성도들이 여러분들을 교회에 가자고 많이 귀찮게 했지요? 그럴 때 마음 약해서 박절하게 거절하지 못하고 '그래. 이번 한 번만 간다. 이번이 마지막이다'라고 하면서 오셨지요? 제가 그렇게 귀찮게 하지 말고 모시고 오라고 했는데도 여러분을 귀찮게 했다면 제가 사과 드립니다. 말로만 사과하는 것이 아니라 진정으로 사과하는 마음으로 이 선물 하나씩 드리겠습니다. 이미 받으셨다고요? 받으셨으면 마음 푸시고 이왕 오셨으니 먼저 노래 한 번 들어보시기 바랍니다.

우리 만남은 우연히 아니야. 그것은 우리의 바램이었어. 사─랑해 사─랑해 너를... 너를 사랑해

노랫말처럼 저와 여러분의 오늘 이 만남은 우연이 아닙니다. 왜냐하면 저와 우리교회 성도님들이 여러분을 너무나 보고 싶어했고, 여러분을 만나고 싶어하는 간절한 바램으로 기도하다가 이렇게 만났기 때문입니다. 그런 의미에서 우리 성도들이 여러분들에게 다시 한 번 인사를 드립니다. 좋은 교회 잘 오셨습니다. 만나 뵈서 반갑습니다.

그런데 여러분을 기다린 것은 우리만 아니라 우리보다 더 여러분을 기다리신 분이 또 있습니다. 그 분은 굉장한 분이십니다. 모르는 것이 없는 분이십니다. 못할 일이 없으신 분이십니다. 없는 것이 없으신

분이십니다. 어떤 문제든 다 해결하실 수 있는 분이십니다. 저는 이 시간 여러분들에게 그 분을 만나게 해드리고 싶습니다. 그러므로 여러분들이 오늘 우리를 만날 뿐 아니라 바로 그 분도 만나시기 바랍니다. 그러기만 하면 아주 행복한 만남이 될 것입니다. 인생에서 잊혀지지 못할 만남이 될 것입니다. 오늘이 여러분의 인생 중에 최고의 만남이 있는 날이 될 것입니다. 여러분 각자 오늘 이런 최고의 만남이 이루어지길 주님의 이름으로 축원합니다.

그렇다면 여러분을 기다리시고 여러분을 만나고 싶어하시는 그분이 누구일까요? 그분은 바로 조물주이십니다. 이 세상에 여러 종교가 있습니다만 조물주가 누구라는 것에 대해서 설명해주는 종교는 기독교뿐입니다. 불교는 우리가 행복해지려면 욕심으로 가득 채워진 속을 비워야 한다고 하고, 유교는 인륜의 도리를 지켜 자식은 부모에게 효도해야 하고, 백성은 임금에게 충성해야 한다고 합니다. 힌두교는 삼라만상 모든 것이 신이라고 합니다.

이처럼 다른 종교들은 이미 존재하는 것들 속에서 관계를 어떻게 가져야 하는 것들에 대한 교훈을 주고 있습니다. 그러기 때문에 불교의 가르침 중에도 사람으로서 배울 점이 있고 유교나 다른 종교에도 사람이 듣고 배울 점이 있습니다. 그러나 이런 가르침으로는 부족합니다. 사람이 사람답게 살기 위해 가장 먼저 알아야 할 것은 주인이 누구인가를 아는 것입니다. 이 세상의 주인이 누구인가를 알아야 합니다. 나의 주인이 누구인가를 알아야 합니다.

이 세상 만물은 누가 만드셨으며 사람은 누가 만드셨습니까?

이런 질문에 대해서 정확하게 대답해 주는 곳은 성경 외에는 다른 곳이 없습니다. 그러나 이에 대해서 어떻게든 말은 해야 하기 때문에 과학자들이 주장하기를 세상만물의 시작은 진화되어 존재하게 되었다고 합니다. 우연히 진화된 것들이 지금도 우연하게 존재한다고 주장합니다.

그러나 진화론은 과학이 아닙니다. 과학이란 똑 같은 조건에서 똑 같은 일이 반복적으로 일어난다는 것이 객관적으로 확인되어야 합니다. 그러나 진화론은 절대 과학적으로 검증되었거나 객관적으로 확인된 주장이 아닙니다. 진화론의 주장처럼 어떤 생명체가 오랜 세월을 두고 변화하여 전혀 다른 어떤 종이 생명체로 변한다면 지금에도 이것도 아니고 저것도 아닌 중간 종이 있어야 합니다.

다시 말해서 원숭이가 진화하여 사람이 되었다면 원숭이 뿐 아니라 다른 종들도 계속 진화하여 원숭이도 아니고 사람도 아닌 또 다른 생명체가 생겨나야 합니다. 그러나 수 만년 수 천년을 지나도 사람은 사람이고 원숭이는 원숭이 그대로입니다. 개는 개이고 고양이는 고양이이지 개도 아니고 고양이도 아닌 또 다른 종이 생겨나지 않습니다.

진화론은 기독교를 부정하려는 이들의 가정이지 과학이 아닙니다. 또 우주 만물을 생각해 보시기 바랍니다. 밤하늘을 보세요. 그 하늘 우주는 끝이 없습니다. 그 끝이 없는 우주에 수많은 별들이 떠 있습니다. 그 중에 하나가 지구입니다. 그런데 우주 공간에 떠 있는 지구는 자전축을 중심으로 매일 한 바퀴씩 돌고 있습니다. 그래서 밤과 낮이 바뀌는 것입니다.

그런데 이 지구가 하루에 한 바퀴를 돌기 위해 얼마나 빠르게 도는지 아십니까? 100m 단거리 육상선수가 10초에 100m를 달리면 시속 36km입니다. 자동차로 서울 시내를 달리면 시속 60-70km가 됩니다. 우리나라에서 가장 빨리 달리는 기차인 KTX는 시속 300km로 달립니다. 그러면 우리가 살고 있는 이 지구가 시속 몇 km로 돌고 있을까요? 지구는 무려 1,600km의 속도로 돌고 있습니다. 우리나라에서 가장 빠르다는 KTX 보다 무려 5배 이상의 속도로 돌고 있다는 말씀입니다. 우주 공간에 둥둥 떠 있는 지구가 이렇게 빠르게 도는데도 사고 나지 않고 제 자리를 지키며 돌고 있습니다.

그러면 왜 이렇게 지구가 빠르게 돌아야 할까요? 만일에 지구의 도는 속도를 1/10로 줄여서 지구가 시간당 160km로 돈다면 어떻게 될까요? 밤과 낮의 길이가 10배나 늘어나게 될 것입니다. 지구의 밤낮이 이렇게 길어지면 어떻게 될까요? 낮이 120시간 동안이나 길어지면서 이 지구상에 있는 모든 식물들은 다 타버릴 것입니다. 그리고 밤의 길이가 120시간으로 늘어나면서 지구는 추워져 지구상의 모든 생명은 얼어죽게 될 것입니다. 그러기 때문에 이 지구가 우주 공간에 둥둥 떠서 시속 1,600km라는 엄청난 속도로 돌면서도 한 치의 오차 없이 일정한 속도를 유지하며 지금도 돌고 있어, 하루 24시간이라는 적절한 간격에 따라서 낮과 밤이 바뀌는 것입니다.

성도 여러분! 이것이 우연일까요? 우연이 아닙니다. 세상만물을 지으신 조물주 하나님께서 지으신 것들을 다스리고 계시기 때문입니다. 세상만물은 창조자 되시는 하나님께서 지으셨고 하나님은 지금도 지으신 것들을 다스리고 계시다는 것을 인정해야 합니다. 이것이 믿음입니다. 성경에 근거한 이런 믿음을 가지시길 주님의 이름으로 축원합니다.

다음으로 우리가 인정하고 믿어야 할 것은 창조주 하나님께서는 사람도 지으셨다는 것입니다. 우리 조상들은 창조자에 대해서 몰랐었기 때문에 사람은 삼신할머니가 태어나게 한다고 믿었습니다만 우리 조상들이 생각했던 삼신할머니는 사실은 성경에서 말하는 하나님을 잘 몰라서 그렇게 부른 것입니다. 하나님은 세상만물을 지으실 뿐아니라 사람도 지으셨습니다. 그리고 하나님께서는 지으신 세상만물만 다스리시는 것이 아니라 지으신 사람도 생사화복을 다스리십니다. 그래서 하나님의 말씀인 성경에서는 첫장 첫 말씀에서

천지 만물은 하나님께서 지으셨다

고 말씀합니다. 하나님께서 우주만물도 지으셨고, 해와 달도 지으셨고, 식물도 지으셨고, 짐승도 지으셨고, 남자와 여자도 지으셨습니다. 그래서 이 세상 만물의 주인은 하나님이십니다. 그래서 사람인 나의 주인도 조물주 되시는 하나님이십니다. 사람이 이것을 아는 것이 모든 지식의 근본입니다.

이것을 모르면 다른 지식을 다 알아도 다 아는 것이 아닙니다. 반대로 다른 세상 지식은 다 몰라도 사람이 알아야 할 가장 기본 지식인 사람의 주인을 아는 지식을 가진 사람은 알아야 할 것을 제대로 아는 사람입니다. 그런데 이렇게 세상만물과 사람을 지으신 하나님께서 가장 안타깝게 여기시는 것은 사람이 죄를 지은 이후로 살아가는 모습이 마치 목자를 잃어버린 양과 같다는 것입니다.

여러분들이 아시는 양은 어떤 동물입니까? 소 같지 않고 힘이 약합니다. 염소 같지 않고 순합니다. 사자 같이 먹을 것을 스스로 찾아 먹지 못하고 목자가 먹을 곳이 있는 곳으로 이끌어 주어야 합니다. 그래서 양은 목자의 도움이 없이는 스스로의 힘으로 살아갈 수 없는 약하고 순한 짐승입니다.

하나님께서 보시기에 저와 여러분이 양과 같다는 말이 그런 말입니다. 사람은 강한 것 같으나 실제로는 다른 동물에 비해 매우 약한 존재입니다. 그러기 때문에 양처럼 약한 우리가 험한 세상을 이기며 살

려면 목자의 보호와 인도를 받으며 살아야 하는데 사람이 목자를 잃어 버렸습니다.

사람이 왜 목자를 잃어버렸습니까?

사람이 죄를 지었기 때문입니다. 사람의 목자는 죄를 싫어하시는 분이십니다. 그런데 사람이 죄를 지었기 때문에 목자가 사람 곁에 있을 수 없었던 것입니다. 그 결과 사람이 인생을 사는 방향을 잃어버렸습니다. 사람이 무엇을 위해 살아야 하는지 삶의 목표를 잃어버렸습니다. 그래서 사람이 각자 나름대로 방향을 정하고 삶의 목표를 정하고 목자 없이 험한 세상을 방황하며 살아갑니다.

그러기 때문에 사람이 수고를 하고 애 쓰며 사는데도 만족이 없는 겁니다. 언제까지 이렇게 살아야 하는지 곤고한 삶의 끝이 보이지 않습니다. 사람마다 행복을 찾아 헤매지만 정말 행복하다는 사람은 찾아보기 힘듭니다. 안타까운 모습입니다. 그런 사람들을 위해 하나님께서 특별한 결단을 하십니다. 그 말씀이 오늘 본문에 나와 있습니다.

> 하나님이 세상을 이처럼 사랑하사 독생자를 주셨으니
> 이는 그를 믿는 자마다 멸망하지 않고
> 영생을 얻게 하려 하심이라(요 3:16)

하나님은 창조자이십니다. 우리의 생사화복을 주장하시는 전능하신 분이십니다. 만왕의 왕이십니다. 그런데 그 하나님께서 저와 여러분을 사랑하신다는 것입니다. 하나님께서 나를 사랑하신다는 말씀은 생각할수록 신비한 이야기입니다. 생각할수록 감격스러운 말씀입니다.

성도 여러분! 여러분은 누구에겐가 사랑한다는 말을 들어본 적이 있으시지요? 제가 고1 때의 일입니다. 수업을 마치고 집에 가려고 하는데 선희라는 여학생이 옆으로 지나가면서 쪽지 하나를 책상에 놓고 갑니다. 저는 다른 친구들이 볼까봐 얼른 집어서 호주머니에 넣었습니다. 그리고 나니 말도 없이 던지고 간 그 쪽지에 무슨 내용이 쓰여 있는지 궁금해서 혼자 보리밭길 샛길로 가면서 펴서 읽어보았습니다. 그랬더니 그 쪽지에 이렇게 쓰여 있었습니다.

희야 사랑해.....

저는 그것을 읽는 순간 아무도 없는데도 얼굴이 빨개지고 제 가슴이 얼마나 뛰는지 제 가슴이 터지는 것 같았습니다. 그 후로 저의 학교 생활은 너무 좋았습니다. 행복했습니다. 나를 사랑한다는 그 말 때문에 말입니다. 지금은 그 여학생이 누구와 어떻게 사는지 모르지만 말입니다. 옆에 있는 사람이 나를 사랑한다고 말만해도 이렇게 좋은데 창조주 하나님께서 나를 사랑하신다는 말입니다.

하나님이 세상을 이처럼 사랑하사

이 말씀은 창조주 하나님께서 바로 여러분을 사랑하신다는 말씀입니다. 그러기 때문에 이 말씀을 여러분은 각자 이렇게 들으셔야 합니다.

내가 너를 사랑하노라

하나님이 여러분을 어떻게 하신다고요?

사랑한다 아들아! 내가 너를 잘 아노라
사랑한다 내 딸아! 네게 축복 더하노라

참 사랑은 듣기 좋게 말로만 하는 것이 아닙니다. 참 사랑은 행동으로 드러나게 되어 있습니다. 그렇다면 하나님께서 저를 사랑하시고 여러분을 사랑하셔서 그 사랑의 표로 저와 여러분에게 하신 일이 무엇이었습니까?

하나님이 세상을 이처럼 사랑하사 독생자를 주셨으니(요 3:16)

하나님의 독생자를 우리를 위해 이 세상에 보내셨다는 말씀입니다. 하나님의 독생자가 계시던 곳은 어디였습니까? 천국, 하나님이 계시는 하늘 보좌였습니다. 그런데 그런 하나님의 독생자를 하나님께서 우리를 사랑하셔서 이 세상에 보내셨다는 말씀입니다. 그래서 이 세상에 오신 하나님의 독생자가 누구이십니까? 그 분이 성탄절에 태어나셨다는 예수님이십니다.

그럼 이 땅에 오신 예수님께서 저와 여러분 각자를 위해 하신 일이 무엇일까요? 하나님께서 독생자 예수님을 십자가에 달려 죽게 하셨습니다. 왜 그렇게 하셨습니까? 사람은 다 죄인이기 때문에 죄 속에 마귀의 종으로 살다가 죽으면 지옥에 가야 했습니다. 지옥에 한 번 들어가면 돌이킬 수 없어 심판의 불 속에서 영원토록 벌을 받으며 살아야 합니다. 이것이 죄를 안고 살아가는 모든 사람들의 공통된 운명입니다.

그러기 때문에 사람들은 죄의 문제를 해결해야 하는데 사람들의 힘과 노력으로는 죄의 문제를 해결할 수 없습니다. 그래서 하나님께서 우리를 사랑하시는 그 사랑 때문에 죄 없으신 독생자 예수님을 저 대신 여러분 대신 십자가에 제물되어 죽게 하신 것입니다. 이것이 나를 위한 하나님의 사랑이고 이것이 여러분을 위한 하나님의 사랑입니다. 이처럼 하나님은 우리를 사랑하셨습니다. 세상에 이런 사랑을 본 적이 있으십니까? 저도 두 아이의 애비입니다만 저는 남의 문제 해결하기 위해 내 자식을 그렇게 못합니다. 남들에게 내가 욕을 들었으면 들었지 나 때문에 내 자식들이 다른 사람에게 오해받는 말을 듣는 것도 싫습니다. 이것이 솔직한 부모의 마음일 것입니다.

그런데 하나님께서는 저를 죄 가운데서 건져 지옥가서 영벌 받지 않고 천국에 가 영생복락 누리며 살게 하시려고 독생자 예수님을 십자가에 내주어 내 대신 죽게하신 것입니다. 이 일이 저만을 위한 일이 아니고 여러분을 위해서도 그러신 것입니다. 그러면 우리는 어떻게 해야 합니까?

하나님이 세상을 이처럼 사랑하사 독생자를 주셨으니
이는 그를 믿는 자마다 멸망하지 않고 영생을
얻게 하려 하심이라(요 3:16)

예수님을 믿어야 합니다. 하나님의 독생자이신 예수님께서 나를 죄 가운데서 건지시려고 내 대신 십자가에 죽으셨다는 것을 믿어야 합니다. 그러기만 하면 하나님께서 약속하시기를 그 사람 멸망하지 않고 영생을 얻게 된다는 것입니다. 죄로 인해 지옥으로 끌려가는 사람 죄 용서 받아 구원을 받는 것은 어렵지 않습니다. 하나님의 독생자이신 예수님께서 나를 죄 가운데서 건지시려고 내 대신 십자가에 죽으셨다는 것을 믿기만 하면 지옥에 가서 영벌을 받지 않고 그 대신 천국에 가서 영생복락을 누리는 복을 받게 됩니다.

세상에 이보다 더 귀한 일이 어디 있습니까? 세상에 이보다 복된 진리가 어디 있습니까? 사람들이 이 진리를 알지 못하고 믿지 못해서 소중한 인생을 불행하게 살다가 비참한 곳에 가는 것입니다.

사랑하는 여러분! 하나님께서 우리 교인들을 통해 여러분을 이 자리에 모시게 된 것은 바로 이런 이유 때문입니다. 우리가 이런 진리를 알고 믿고 있는데 여러분이 예수님을 믿든지 말든지 어떻게 그럴 수 있겠습니까? 여러분들은 아직 구원의 진리에 대해서 생소하기 때문에 모르시지만 우리의 눈에는 불신자는 지금 지옥행 열차를 타고 지옥으로 가고 있고 한 번 들어가면 돌이킬 수 없어 영원토록 지옥불에서 고통을 받을 것을 아는데 어떻게 우리가 여러분을 가만히 두고 볼 수 있겠습니까?

하나님께서는 여러분들도 천국에 가기를 원하십니다

그래서 하나님께서 먼저 믿는 우리를 재촉하셔서 하나님께서 사랑하시는 여러분에게 찾아가 데려오라 하셨습니다. 그래서 우리 성도들이 여러분을 좀 귀찮게 했던 것입니다. 그러나 여러분! 정말 잘 오셨습니다. 이왕 오셨으니 이 시간 예수님을 여러분의 주님으로 믿으시길 소원합니다. 예수님을 믿는 것은 어렵지 않습니다. 죄의 결과는 무섭고 엄청나지만 죄 용서를 받는 길은 어렵지 않습니다.

그럼 사람이 지은 죄를 어떻게 용서를 받을 수 있습니까? 그 예를 이미 구약성경에 이렇게 소개됩니다. 민수기 21장에 기록된 말씀입니다만 이스라엘 백성들이 애굽에서 종살이 하다가 하나님께서 모세를 통해 해방시켜 주십니다. 그리고 하나님께서 그들이 살 땅으로 인도하실 때 그들이 광야를 지날 때의 일입니다. 그들이 하나님의 은혜로 종살이 하던 곳에서 해방을 받았고 지금 그들이 살 곳으로 하나님께서 인도하시는데도 불구하고 이스라엘 백성들은 걸핏하면 하나님께 불평하고 원망합니다. 그 결과 하나님의 진노를 받아 그들이 뱀에 물려서 죽게 생겼습니다. 사정이 이렇게 되자 백성들이 모세를 찾아와서 우리가 잘못했으니 살려달라고 애원합니다. 죽어 가는 백성들의 사정을 가슴에 끌어안고 모세는 전능하신 하나님 앞에 엎드려 기도합니다.

하나님 아버지, 이 백성을 이대로 죽어가게 하겠습니까?
이 백성을 긍휼히 여겨 주시옵소서.
이 백성을 살려 주시옵소서.
그때 하나님의 음성이 들려옵니다.
모든 백성들이 잘 볼 수 있도록
광야 가운데 장대를 세우고 거기에 놋뱀을 매달고
뱀에 물린 자마다 쳐다보도록 하거라
그러면 나으리라

하나님의 말씀을 들은 모세가 하나님께서 하라고 하신대로 합니다. 그리고 사람들에게 말합니다.

백성들아!
하나님께서 우리에게 살길을 주셨으니
뱀에 물린 자마다 눈을 들어 장대에 매달린 놋뱀을 바라보라
그러면 나으리라

이 말을 들은 사람들 중에 순종하여 장대에 매달린 놋뱀을 바라본 자들은 다 나았습니다. 그러나 끝까지 그까짓 놋 뱀을 바라본다고 죽어가는 내가 살겠어? 그러면서 놋뱀을 바라보지 않은 사람들은 뱀의 독이 온 몸에 퍼져 다 죽었습니다.

사람이 죽고 사는 것은 간단합니다. 하나님의 말씀을 들으면 살고 하나님의 말씀을 듣지 않으면 죽습니다. 오늘날 사람이 구원을 받는 것도 마찬가지입니다. 구약 광야에서 불뱀에 물린 자들 중에 하나님의 말씀을 듣고 장대에 매달린 놋뱀을 바라본 자들은 나음을 입었지만 끝까지 고집하며 놋뱀을 쳐다보지 않는 사람들은 죽은 것처럼 십자가에 죽으신 예수님을 자신의 주님으로 믿는 자들은 구원을 받지만 십자가에 죽으신 예수님을 믿지 않는 사람들은 죽은 영혼을 안고 지옥에 가게 되는 것입니다.

그러면 예수님을 믿으려면 어떻게 해야 합니까? 그래서 예수님께서 여러분의 마음 문 밖에 서서 이렇게 말씀하십니다.

볼지어다 내가 문 밖에 서서 두드리노니
누구든지 내 음성을 듣고 문을 열면
내가 그에게로 들어가 그와 더불어 먹고
그는 나와 더불어 먹으리라(계 3:20)

인생을 나 혼자 살려고 하면 힘듭니다. 어렵습니다. 그러지 마시기 바랍니다. 여러분이 마음문만 열면 하나님이신 예수님께서 여러분 속에 들어가신다는 말입니다. 저도 예수님을 모시기 전에는 혼자 살았습니다. 아버님은 일찍 돌아가셨습니다. 어머니는 늙으셔서 도리어 제가 돌봐드려야 했습니다. 형제들이 있어도 본인들 살기에도 바빠서 저를 도울 여유가 없었습니다. 그래서 혼자 인생을 살아야 했었습니다.

그러나 제가 이 말씀을 듣고 예수님을 향해 제 마음문을 열었습니다. 그 후부터는 예수님께서 제 아버지 역할을 해주셨습니다. 예수님께서 제 인생의 인도자가 되어 주셨습니다. 예수님께서 저의 돕는자가 되어 주셨습니다. 예수님께서 위로자 되어 주셨습니다. 예수님께서 저의 치료자가 되어 주셨습니다.

그래서 저는 남들처럼 많은 돈은 없어도 예수님 때문에 행복합니다. 제 곁에 아이들이 없어도 저는 예수님 때문에 외롭지 않습니다. 예수님을 믿은 이후로 지금까지 어느 누구보다 행복하게 살고 있습니다.

이런 예수님이 여러분의 마음속에도 찾아가시기를 원하십니다. 여러분이 예수님을 믿기만 하면 여러분의 인생도 이전과는 비교할 수 없는 정말 행복한 인생으로 바뀌게 될 것입니다. 그렇게 되기를 주님의 이름으로 축원합니다. 그러기 위해 여러분 저를 따라 고백해보시기 바랍니다.

주 예수님 저는 죄인입니다.
죄 때문에 심판받고 지옥갈 수밖에 없지만
예수님께서 저희 죄를 대신 지고
십자가에 못 박혀 죽으시고
부활하심을 믿고 감사드립니다.

이제 이 큰 은혜의 사랑을 주신
예수그리스도를 저의 구주로 영접하오니
제 마음에 오셔서 저의 삶의 주인이 되어 주시고
천국 갈 때까지 인도하여 주세요.

나의 죄를 예수님의 십자가의 보혈로 씻어 주시니 감사합니다.
나를 구원하여 주시니 감사합니다.
이제 하나님 아버지의 자녀가 되었사오니 감사합니다.
예수님 이름으로 기도 합니다. 아멘!

이렇게 예수님을 고백하는 것이 간단한 것 같지만 이 순간이 어떤 분들에게는 인생 역전의 순간이 될 것입니다. 왜 예수님을 믿는 순간 이 인생 역전의 순간이 되는 것입니까?

하나님이 세상을 이처럼 사랑하사 독생자를 주셨으니
이는 그를 믿는 자마다 멸망하지 않고 영생을
얻게 하려 하심이라(요 3:16)

예수님을 믿는 자들은 멸망하지 않고 영생을 얻기 때문입니다. 지옥 가지 않고 천국 가게 된다는 것입니다. 죄 용서를 받았기 때문입니다. 지옥행 열차에서 내려 천국행 열차를 갈아타기 때문입니다. 예수님을 믿기 전에는 내 인생을 내 마음대로 살았지만 예수님을 믿은 이후부터는 예수님께서 선장이 되어 인도해 주시기 때문입니다. 예수님을 믿기 전에는 마귀의 자식으로 살았던 사람이 예수님을 믿은 이후에는 하나님의 자녀로 살기 때문입니다. 그래서 예수님을 믿는 순간이 인생의 전환점이 되는 것입니다.

여러분은 이제 구원 받은 하나님의 자녀가 되었습니다. 그러면 이후로 어떻게 살아야 합니까? 사람이 예수님을 처음 믿으면 영적으로는 갓 태어난 아기나 마찬가지입니다. 태어난 아이는 엄마의 품에서 젖을 먹으며 형제자매들 틈에서 사랑과 보호를 받으며 자라야 합니다.

예수님을 믿게 된 새신자의 엄마의 품은 교회입니다. 예수님을 믿게 된 새신자가 먹어야 할 젖은 하나님 말씀입니다. 예수님을 믿게 된 새신자의 형제자매는 여러분을 전도한 먼저 믿는 성도입니다. 그러므로 새가족 여러분은 다음 주일에도 교회에 나오셔야 합니다. 그래서 함께 예배드리며 말씀을 들을 때 여러분의 믿음이 자라게 될 것입니다. 만일 오늘 교회에 나오고 다음 주일부터 교회에 나오지 않으신 분은 지옥행 열차 잠시 내려 천국행 열차에 발 딛었다가 다시 내려 지옥행 열차를 타는 것이나 마찬가지입니다.

나는 술 때문에 교회에 나오지 못하겠다는 분이 계십니까? 나는 담배 때문에 교회에 나오지 못하겠다는 분이 계십니까? 그럴 수 있습니다. 오래된 습관 하루아침에 바꾼다는 것은 어려울 것입니다. 그렇다고 술 때문에 담배 때문에 지옥행 열차를 다시 올라 타는 일은 없어야합니다. 술 끊지 못해도 교회에 나오세요. 교회에 출석하다보면 술보다 더 좋은 믿음의 맛을 느끼게 될 것이고 그러면 술도 어렵지 않게 끊을 수 있게 될 것입니다.

담배도 마찬가지입니다. 담배 끊지 못했어도 교회에 올 때만 담뱃갑 집에 두시고 나오세요. 교회에 출석하다보면 담배보다 더 좋은 신앙의 맛을 느끼게 될 것이고 그러면 술도 어렵지 않게 끊을 수 있게 될 것입니다.

혹 제사 문제로 교회에 나오지 못하겠다고 하는 분이 계신가요? 그런 분들도 그냥 나오세요. 구더기 무서워 장을 못 담그는 일이 생기면 안 됩니다. 교회에 출석하다보면 의미도 모르고 지내는 제사보다 더 정성으로 드리는 추도예배로 복된 가문 이루는 복을 받게 될 줄 믿습니다.

사랑하는 여러분, 우리가 교회에 나오는 이유가 무엇입니까? 하나님을 만나기 위해서입니다. 예수님과의 멋진 만남을 위해서입니다. 전기의 플러스극과 마이너스극이 만나는 순간 강렬한 스파크가 일어나듯이 한 번만 그분과 접촉되어지면 그동안 세상에서 경험하지 못한 풍성한 삶을 누리게 되는 것입니다. 여러분들의 오늘의 걸음으로 예수님을 만났으니 험한 세상 우리 함께 사랑하며 죄를 이기며 사람답게 살다가 우리 함께 천국에 같이 갈 수 있기를 주님의 이름으로 축원합니다.

17 장

인생 열차를 갈아타세요

배불리려 하매 심지어 개들이 와서 그 헌데를 핥더라 이에 그 거지가 죽어 천사들에게
받들려 아브라함의 품에 들어가고 부자도 죽어 장사되매 그가 음부에서 고통중에 눈을
들어 멀리 아브라함과 그의 품에 있는 나사로를 보고 불러 이르되 아버지
아브라함이여 나를 긍휼히 여기사 나사로를 보내어 그 손가락 끝에 물을 찍어 내
혀를 서늘하게 하소서 내가 이 불꽃 가운데서 괴로워하나이다 아브라함이 이르되
얘 너는 살았을 때에 좋은 것을 받았고 나사로는 고난을 받았으니 이것을 기억하라
이제 그는 여기서 위로를 받고 너는 괴로움을 받느니라 그뿐 아니라 너희와 우리
사이에 큰 구렁텅이가 놓여 있어 여기서 너희에게 건너가고자 하되 갈 수 없고
거기서 우리에게 건너올 수도 없게 하였느니라 이르되 그러면 아버지여 구하노니
나사로를 내 아버지의 집에 보내소서 내 형제 다섯이 있으니 그들에게 증언하게 하여
그들로 이 고통 받는 곳에 오지 않게 하소서 아브라함이 이르되 그들에게 모세와
선지자들이 있으니 그들에게 들을지니라 이르되 그렇지 아니하니이다 아버지 아브라함
이여 만일 죽은 자에게서 그들에게 가는 자가 있으면 회개하리이다 이르되 모세와
선지자들에게 듣지 아니하면 비록 죽은 자 가운데서 살아나는 자가 있을지라도
권함을 받지 아니하리라 하였다 하시니라 (눅 16:19-31)

17장 |
인생 열차를 갈아타세요

새가족 여러분! 반갑습니다. 잘 오셨습니다.

오늘은 하나님의 날이고 이곳은 하나님께 예배드리는 곳입니다. 아무나 이곳에 나오지 못하는데 하나님께서 여러분을 특별하게 사랑하셔서 이 자리로 인도해 주신 줄 믿습니다.

사랑하는 성도 여러분! 인생이란 무엇일까요? 사람이라면 누구나 한 번쯤 깊게 생각했을 인생에 관한 이야기를 오늘 여러분과 함께 나누려고 합니다. 말씀을 잘 들으시고 인생이 무엇인가를 확실하게 아시고 이왕 사는 인생 정말 멋지게, 복되게, 행복하게 살아가는 여러분 되시길 주님의 이름으로 축원합니다. 인생이란 무엇일까요? 오래 전에 굉장히 유행했던 노래 중에 이런 노래가 있었습니다.

인생이란 무엇인지 청춘은 즐거워
한 번 가면 다시 못 올, 허무한 내 청춘

윤일로라는 가수가 부른 노래인데요. 이 노랫말처럼 '인생 중에 청춘이란 즐거운 것인데 그 청춘도 한 번 가면 다시 못 온다. 그러기 때문에 그 좋은 청춘마저도 허무한 것이 인생이다'는 겁니다. 인생을 이렇다고 생각하는 사람은 어떻게 살까요? 그 노랫말 가사에 잘 나타나 있는데요.

마시고 또 마시어 취하고 또 취해서
이 밤이 다 새도록 춤을 춥시다

성도 여러분! 인생이란 이런 것일까요? 인생을 이렇게 살아야 할까요? 인생을 논하는 또 하나의 노래가 있습니다.

인생은 나그네길 어디서 왔다가 어디로 가는가?
구름이 흘러가듯 떠돌다 가는 길에

최희준이라는 가수가 부른 하숙생이라는 노래입니다만 인생이란 정말 어디서 왔다가 어디로 가는지도 모르는 구름과 같은 것일까요?
어떤 나그네가 메마르고 위험한 광야를 지나가고 있었습니다. 햇볕이 뜨겁게 내리쬐고 목은 마른데, 느닷없이 사자가 나타나 달려듭니다. 그 나그네는 너무 놀라서 길 곁 작은 우물 속으로 들어가 우물 안 돌들을 붙잡고 조심조심 밑으로 내려갑니다. 우물 밑바닥을 보니 물은 없는데 커다란 뱀이 입을 벌린 채 혀를 날름거리고 있습니다.

더 이상 내려갈 수도 없고 다시 밖으로 나갈 수도 없습니다. 그래서 우물 안 돌담 사이에서 자라난 조그만 관목을 발견하고 손을 뻗어 붙잡고 한쪽 발은 튀어나온 돌 모서리를 딛고 버팁니다. 이제 잠시는 버틸 수 있겠다 싶어 한숨을 내쉬며 위를 바라보는데 이게 웬 일입니까? 검은 쥐와 흰 쥐 두 마리가 겨우 붙잡고 있는 그 나뭇가지를 갉아 먹고 있는 겁니다.

어찌할 바를 몰라 사방을 두리번거리고 있는데 머리 위 나뭇잎에서 꿀이 뚝 뚝 떨어집니다. 입을 벌리고 혀를 내밀자 그 꿀이 얼마나 달고 맛있는지 자기가 얼마나 위험한 중에 있는 줄도 모르고 좋아하다가 결국 그 나그네는 우물 바닥에 떨어져서 뱀에게 물려 죽고 말았습니다.

19세기 러시아의 문호 톨스토이가 쓴 참회록에 나오는 내용으로 이것이 인생이란 겁니다. 문제 많은 세상에 잠시 와서 사는 동안 행복을 찾아 길을 나섰다가 사자 같은 어려움을 만나 우물 같은 피난처를 찾아갔지만 그곳에서 안전하리라 붙잡은 그 관목마저 갉아먹고 있는 생쥐 때문에 불안해하던 차에 나뭇잎에서 떨어지는 세상 꿀맛에 정신 팔려 그 위험도 잊고 좋아하다가 결국은 우물 바닥에 떨어져 뱀에게 물려 죽는 것이 인생이라는 겁니다.

성도 여러분! 앞에서 소개해드린 노랫말과 참회록에서 말하는 것처럼 인생이 이렇게 한 번 가면 다시 못 오는 길을 가는 것이고 가지만 어디로 가는지도 모르고 가는 것이며 결국은 뱀에게 물려 죽임을 당하는 것이 인생의 전부라면 인생이란 너무나도 불행한 존재가 아닐까요?

문제는 사람이 안고 있는 운명이 사실은 이런 표현들과 틀리지 않다는 것입니다. 사람이 이 세상에 태어나 잠시 살다 가는 인생이 정말 괴롭고 허무합니다. 그러나 타고난 사람의 운명이 그렇더라도 이런 불행한 운명을 행복한 인생으로 바꿀 수 있는 길이 있습니다. 이 길을 발견하고 인생을 사는 사람은 불행한 운명을 타고 태어났을지라도 남들이 다 불행하다는 인생을 정말 행복하게 인생을 살아갈 수 있습니다. 이런 복을 받는 여러분 되시길 소원합니다.

어떻게 해야 그런 인생을 살 수 있을까요? 오늘 본문의 말씀에 그 진리가 숨겨져 있습니다. 자 이제 여러분과 함께 그 진리를 찾기 위해 본문 속 여행을 시작하시지요. 오늘 본문 19~21절 말씀을 보면 이 세상에 살고 있는 사람은 두 종류 사람이 있다고 말합니다.

> 한 부자가 있어
> 자색 옷과 고운 베옷을 입고 날마다 호화롭게 즐기더라
> 그런데 나사로라 이름하는 한 거지가
> 헌데 투성이로 그의 대문 앞에 버려진 채
> 그 부자의 상에서 떨어지는 것으로 배불리려 하매
> 심지어 개들이 와서 그 헌데를 핥더라

부자와 거지가 있습니다. 대문 안채에 사는 사람이 있고 대문 밖 문간에 사는 사람이 있습니다. 날마다 호화롭게 즐기는 사람이 있고 헐벗고 굶주린 사람이 있습니다. 건강한 사람이 있고 헌데를 앓고 있는 병든 사람이 있습니다. 요즈음 유행하는 말로 금수저를 물고 태어난 사람이 있고 흙수저를 물고 태어난 사람이 있습니다. 이 세상은 이렇게 두 종류의 서로 다른 사람들이 살아가고 있습니다.

여러분은 이 중에 어디에 속한 사람이라고 생각하십니까? 부자입니까? 가난한 사람입니까? 대문 안에서 사는 사람입니까? 대문 밖에 사는 사람입니까? 날마다 호의호식하는 사람입니까? 누더기를 걸치고 굶주린 사람입니까? 금수저를 물고 태어난 사람입니까? 흙수저를 물

고 태어난 사람입니까?

우리는 다 같은 사람이지만 느끼는 감정이나 살아가고 있는 형편은 다 다릅니다. 그런데 어디에 속한 사람이든 사람이라면 누구나 똑 같이 당해야 하는 공통된 일이 하나 있습니다. 그것이 무엇일까요? 22절 말씀을 보시기 바랍니다.

이에
그 거지가 죽어 천사들에게 받들려 아브라함의 품에 들어가고
부자도 죽어 장사되매

병든 몸으로 부잣집 문간에 고생하며 살던 거지가 죽었습니다. 그럼 금수저 물고 태어나 큰 집 안채에서 자색 옷과 고운 베옷을 입고 날마다 호화롭게 즐기며 살던 건강했던 그 부자는 죽지 않았을까요? 그 부자도 죽어 장사지내졌습니다.

성도 여러분! 그럼 우리는 어떨까요? 죽지 않을 수 있을까요? 죽고 싶은 사람은 하나도 없지만 죽지 않고 계속 살 사람은 아무도 없습니다. 가난한 사람만 가진 돈이 없어 죽고 돈 많은 재벌은 죽지 않는 것이 아닙니다. 가방 끈이 짧은 사람만 죽고 스펙이 좋은 사람은 죽지 않는 것이 아닙니다. 아무 힘도 없이 살아가는 민초들만 죽는 것이 아니라 천하를 뒤흔들던 권력자들도 다 죽습니다.

저와 여러분도 얼마 후에는 다 죽게 될 것입니다. 그럼 사람이 죽으면 그 후에 어떻게 될까요? 어떤 사람은 말하기를 **'죽으면 모든 것이 끝장이야...'**라고 합니다만 정말 사람이 죽는다고 모든 것이 끝장나는 것일까요? 23-24절 말씀을 보시기 바랍니다.

부자로 살던 사람이 죽었는데 음부에 가 있습니다. 그런데 죽은 부자가 음부에서도 살아 있을 때와 똑같이 봅니다. 말을 합니다. 무엇을 보는가? 자기 있는 곳에서 멀리 보이는 곳을 보니 자기 집 대문 밖에서 얻어먹고 살던 그 거지가 아브라함의 품에 평안하게 안겨 있는 겁니다. 그런데 자기는 불꽃 가운데서 괴로움을 당하고 고통을 당하고 있는 거예요. 그래서 음부에서 고통을 받고 있던 그 부자가 아브라함에게 부탁합니다.

"아버지 아브라함이여" 급하니까 아브라함에게 아버지라고 부릅니다. 그러면서 말하기를 "나를 긍휼히 여기사 나사로를 보내어 그 손가락 끝에 물을 찍어 내 혀를 서늘하게 하소서" 음부에서 당하는 고통이 얼마나 심했으면 손가락 끝에 물을 좀 찍어 타들어가는 내 혀를 좀 적시게 해달라고 부탁하겠습니까?

이것을 보면서 우리가 깨달아야 할 아주 중요한 진리가 있습니다. 그것은 우리도 언젠가는 죽을 텐데 죽는다고 모든 것이 끝장나는 것이 아니라 죽음 이후에 시작되는 새로운 세상이 있다는 것입니다. 죽음 이후에 시작되는 그 세상을 사람들은 내세라고 합니다.

내세는 두 가지가 있습니다

부자가 죽은 이후에 들어간 영원토록 고통 받는 곳이고 거지가 죽은 이후에 들어간 위로와 안식을 누리는 곳입니다. 이 두 곳을 부르는 이름들이 있습니다. 죽은 이후에 들어가 영원토록 고통 받는 곳을 음부 또는 지옥이라고 하고, 죽은 이후에 들어가 영원토록 위로와 안식을 누리는 곳을 낙원 또는 천당, 천국이라고 합니다. 그럼 사람이 죽음을 피할 수 없어 다 죽어야 한다면 죽은 이후에 어디에 가야 할까요? 여러분 중에 한 사람도 지옥에 가지 않으시길 주님의 이름으로 축원합니다. 여러분 모두 천당에 들어가는 복을 받으시길 주님의 이름으로 축원합니다.

그렇다면 사람이 어떻게 해야 죽음 이후에 지옥에 가지 않고 천국에 갈 수 있을까요? 거지가 죽어서 천국에 갔다고 우리가 거지가 되어야 할까요? 부자가 음부에 갔다고 부자로 살면 다 지옥에 갈까요? 아닙니다.

내가 이 세상에서 어떤 사람으로 태어나 어디에 속해 있느냐가 중요한 것이 아닙니다. 왜냐하면 거지도 음부에 가는 거지가 있고 천국에 가는 거지가 있으며 부자도 천국에 가는 부자가 있고 지옥에 가는 부자도 있기 때문입니다. 그럼 어떻게 해야 천국에 갈 수 있을까요?

다른 이로써는 구원을 받을 수 없나니
천하 사람 중에 구원을 받을 만한 다른 이름을
우리에게 주신 일이 없음이라(행 4:12)

오직 한 분만 믿어야 합니다. 그 분이 누구일까요?

예수께서 이르시되

내가 곧 길이요 진리요 생명이니
나로 말미암지 않고는 아버지께로 올 자가
없느니라(요 14:6)

하나님께서 이 세상에 보내신 예수님을 믿어야 구원을 받고 하나님 아버지가 계시는 천국에 갈 수 있습니다.

하나님이 세상을 이처럼 사랑하사 독생자를 주셨으니
이는 그를 믿는 자마다 멸망하지 않고
영생을 얻게 하려 하심이라(요 3:16)

왜냐하면 하나님께서 죄인을 구원해주시려고 이 세상에 보내신 하나님의 독생자는 예수님 뿐이시기 때문입니다. 그럼 어떻게 예수님을 믿을까요?

볼지어다 내가 문 밖에 서서 두드리노니
누구든지 내 음성을 듣고 문을 열면
내가 그에게로 들어가
그와 더불어 먹고 그는 나와 더불어 먹으리라(계 3:20)

누구든지, 어떤 사람이든지 마음 문을 열고 예수님을 자신의 주인으로 믿고 마음에 주인으로 모셔 들이면 예수님과 동고동락하는 관계가 됩니다. 이런 사람은 이 세상에서도 예수님을 모시고 예수님과 함께 살기 때문에 예수님 때문에 행복하게 살게 되고 예수님을 따라 천국에 가서 영생복락을 누리며 살게 될 것입니다. 그러기 때문에 사람이 예수님을 마음속에 모시기만 하면 인생 대박 나는 것입니다. 여러분들도 예수님을 믿고 예수님을 마음속에 영접하셔서 이 세상에서도 복을 받으시고 이 세상을 떠나서도 복을 받으시길 주님의 이름으로 축원합니다. 그러면 이 좋은 예수님을 언제 믿어야 할까요? 25-26절 입니다.

> 아브라함이 이르되 얘 너는 살았을 때에 좋은 것을 받았고
> 나사로는 고난을 받았으니 이것을 기억하라
> 이제 그는 여기서 위로를 받고 너는 괴로움을 받느니라
> 그뿐 아니라 너희와 우리 사이에 큰 구렁텅이가 놓여 있어
> 여기서 너희에게 건너가고자 하되 갈 수 없고
> 거기서 우리에게 건너올 수도 없게 하였느니라

부자가 멀리 아브라함의 품에 안겨 안식하고 있는 거지를 보고 그 거지를 안고 있는 아브라함에게 부탁했잖아요. "당신이 안고 있는 그 사람, 내가 살던 집 대문에서 얻어먹고 살던 거지입니다. 그래서 그 사람에게 말하면 저를 알테니 그 손끝에 물을 찍어 내 타들어가는 혀에 떨어뜨리게 하소서" 간절하게 부탁합니다. 음부에서 얼마나 고통스러웠으면 그렇게 간청했겠습니까? 저나 여러분 같아도 사람이 그렇게 간청하면 어떻게 해서든지 도와주려고 했을 것입니다. 그런데 그런 간청을 듣던 아브라함이 하는 대답을 보세요.

> 사정은 딱하다만
> 너희와 우리 사이에 큰 구렁텅이가 놓여 있어
> 여기서 너희에게 건너가고자 하되 갈 수 없고
> 거기서 우리에게 건너올 수도 없게 하였느니라

무슨 말씀입니까? 음부에 가고 천국에 가는 것은 살아 있을 때 결정되는 것이고 죽은 이후에는 이미 결정된 환경을 바꿀 수 없다는 겁니다. 그렇다면 어떻게 해야 할까요?

이르시되 내가 은혜 베풀 때에
너에게 듣고 구원의 날에 너를 도왔다 하셨으니
보라 지금은 은혜 받을 만한 때요
보라 지금은 구원의 날이로다(고후 6:2)

예수님을 믿어도 지금 믿어야 할 줄 믿습니다. 그럼, 지금 예수님을 어떻게 믿고, 지금 어떻게 영접할 수 있을까요? 예수님을 믿고 영접하는 방법은 어렵지 않습니다. 이렇게 기도하시면 됩니다.

천지를 만드시고 저를 이 땅에 보내주신 하나님!
저는 하나님의 자녀요
하나님은 저의 아버지이신 것을 믿습니다.

저는 이제까지 죄인으로 살았습니다.
이대로 살면 저는 지옥에 갈 수밖에 없습니다.
그래서 저를 지옥가지 않게 해주시려고
하나님의 독생자 예수님을 세상에 보내셔서
저를 대신해서 십자가에 죽게 하신 것을 믿습니다.

제 마음 문을 열고
예수님을 제 마음 속에 주님으로 모십니다.

제 마음에 들어오셔서
지난날의 모든 죄를 용서해주시고
제 마음속에 있는 죄를 멸하여 주시옵소서.

이제부터 예수님의 말씀에 순종하며 살겠습니다.
이제부터 죄를 멀리하며 살겠습니다.
이제부터 하나님만 경배하고 믿음으로 살겠습니다.
저의 남은 삶을 하나님 아버지 앞에 맡기고
성경말씀 따라 살겠습니다.

저를 저의 모든 죄에서 구원하여 주시고
하나님의 자녀가 되게 해주신
예수님의 이름으로 기도 드립니다. 아멘

이렇게 마음 문을 열고 예수님을 마음에 모셔 들이는 영접기도를 하면 어떻게 될까요?

영접하는 자 곧 그 이름을 믿는 자들에게는
하나님의 자녀가 되는 권세를 주셨으니
이는 혈통으로나 육정으로나 사람의 뜻으로 나지 아니하고
오직 하나님께로부터 난 자들이니라(요 1:12-13)

하나님의 자녀가 됩니다. 하나님을 아버지라고 부를 수 있습니다. 하나님의 자녀로서 하나님의 도움을 받을 수 있습니다. 하나님께서 보내주신 천사의 경호를 받으며 살아갑니다. 사탄 마귀 귀신을 꾸짖어

물리칠 수 있습니다. 실수하고 죄를 짓더라도 회개를 통해 용서를 받을 수 있습니다. 예배 때마다 당당하게 하나님 앞에 나와 찬양하고 말씀을 듣고 예배할 수 있습니다. 필요한 것이 있을 때마다 믿음의 기도로 아버지께 청구할 수 있습니다. 세상에서 승리하며 살 수 있습니다. 영생을 누리며 살 수 있습니다. 천국에 가서 영생복락을 누릴 수 있습니다. 예수님을 영접한 저와 여러분에게 이런 권세가 있는 줄 믿으시길 소원합니다.

주어진 권세는 사용할 때 그 능력이 나타나게 되어 있습니다. 하나님의 자녀답게 하나님 앞에 당당하게 나와 하나님께 예배를 드리고 필요한 것이 있을 때마다 기도하여 응답을 받고 사단 마귀가 대적할 때마다 예수님의 이름의 능력으로 꾸짖어 물리치고 승리자로 살아가는 여러분 되시길 축원합니다.

사랑하는 성도 여러분! 여러분들은 예수님을 주님으로 믿고 영접하셨기 때문에 이제는 마귀의 종이 아니라 하나님의 자녀가 된 줄 믿습니다. 지옥행 열차를 타고 가는 것이 아니라 천국행 열차로 갈아탄 줄 믿습니다. 그런 사람들이 부르는 노래가 있습니다.

♬ 나는 구원 열차

나는 구원 열차 올라타고서
하늘나라 가지요 (빵빵)

죄악 역 벗어나 달려가다가
다시 내리지 않죠. 차표 필요 없어요
주님 차장되시니 나는 염려 없어요 (빵빵)

나는 구원 열차 올라타고서
하늘나라 가지요

　우리는 종착역이 지옥인줄도 모르고 지옥행 열차 타고 가다가 이제 예수님 때문에 지옥행 열차에서 내려 천국행 열차로 바꿔 탄 사람들입니다. 이제 다시는 천국행 열차에서 내리지 않아야 할 줄 믿습니다. 우리 모두 함께 천국행 열차를 타고 인생살이 신앙여행 함께 하다가 이 세상에서도 함께 복을 받아 누리며 하나님을 기쁘시게 해드리며 살다가 천국에서 영생복락을 누리는 행복자들 되시길 주님의 이름으로 축원합니다.

18 장

❧

죽을 뻔했다가 산사람

모세가 광야에서 뱀을 든 것 같이 인자도 들려야 하리니 이는 그를 믿는 자마다
영생을 얻게 하려 하심이니라 하나님이 세상을 이처럼 사랑하사 독생자를 주셨으니
이는 그를 믿는 자마다 멸망하지 않고 영생을 얻게 하려 하심이라 (요 3:14-16)

18장 |
죽을 뻔했다가 산사람

사랑하는 성도 여러분! 평안들 하셨습니까?

오늘 이렇게 밝은 모습으로 뵙게 되니 정말 반갑습니다. 오늘 처음으로 우리교회에 출석하신 새가족 여러분! 우리가 기도하며 기다리고 있었는데 잘 오셨습니다. 여러분을 보면서 반가워하고 환영하는 마음은 저나 여러분이나 마찬가지일 것입니다.

길을 가다가 옷깃만 스쳐도 우연한 일이 아니라고 하는데 거룩한 주일에 한 자리에서 함께 예배드리는 것도 우연이 아닙니다. 하나님께서 우리에게 좋은 만남의 기회를 주셨는데 이렇게 인사를 했으면 좋겠습니다. "좋은 교회에 잘 오셨습니다. 반갑습니다. 오늘도 예수님을 만나는 복 받으세요"

새가족 여러분! 우리가 인사를 할 때 "좋은 교회 잘 오셨습니다."라고 인사를 했지요? 그런데 그 말이 그냥 하는 말이 아니라 우리교회는 정말 좋은 교회입니다. 우리교회 들어오시면서 '건물 참 잘 지었다'고 느끼셨지요? 그렇습니다. 여러분들께서 느끼시는 바와 같이 강북지역에서 우리교회만큼 잘 지은 교회당이 아직까지 없습니다. 좋은 교회 오신 것을 박수하며 진심으로 환영합니다.

우리교회가 건물만 좋아서 좋은 교회가 아니라 서울에 위치한 교회지만 시골 고향교회 같이 정이 있는 교회입니다. 정만 있는 것이 아니라 요즈음 교회를 가도 이단교회가 많아서 믿고 출석하기가 불안한데 우리교회는 신구약성경에 근거한 진리를 바르게 가르치고 실천하는 말씀 중심한 교회입니다.

그리고 우리 가정의 꿈나무들인 어린이들과 청소년들을 글로벌 시대의 차세대 지도자들로 잘 가르치고 양육하는 꿈이 있는 교회입니다. 그래서 우리교회는 어린이들과 학생들 그리고 청년들이 많은 교회입니다. 여러분 뿐만 아니라 여러분의 자녀들과 이웃의 자녀들도 보내주시면 우리교회의 열정적인 주일학교 교사들과 제가 경쟁력을 갖춘 차세대 일꾼들로 양육하는데도 최선을 다하겠습니다.

그리고 오늘 우리교회에 처음 오신 분들은 특별한 복을 받은 분들인 것 같습니다. 왜냐하면 우리교회가 건축 마치고 입당한지가 딱 두 달이 되었습니다만 그 후에도 계속해서 보완 시설을 해왔습니다. 그런데 엊그제 교회 명패석을 세웠습니다. 그리고 엊그제 식당 차광막을 마지막으로 설치했습니다. 그러므로 오늘이 실제적인 건축을 완전히 마친 후 첫 주일입니다.

그래서 새로 지은 새교회당에 첫 새가족으로 우리교회에 출석하신 여러분은 특별하신 분들입니다. 시작이 좋으면 끝도 좋다고 하는 말이 있지요. 특별한 날 특별한 출발을 하시는 여러분들의 앞길에 우리 하나님의 은총이 늘 함께 해 주실 줄 믿습니다.

저에게 요즈음 감사한 일이 많습니다. 얼마 전에는 교회에서 뉴아이패드를 저에게 사주셨습니다. 요즈음 젊은이들이 다 갖고 싶어하는 뉴 아이패드 입니다. 시대에 뒤떨어지지 않게 목회 잘하라고 저에게 여러분들이 사주신 선물입니다. 저는 이 선물을 받고 하나님께 감사했습니다. "하나님 감사합니다. 하나님 감사합니다." 얼마 전에는 선물을 하리라고는 생각지도 못했던 분이 저에게 선물을 주셨습니다. 그 때에도 "하나님 감사합니다. 하나님 감사합니다." 했습니다.

아마 여러분들도 그러실 것입니다. 그런데 선물을 받을 때마다 그분들에게 감사하는 마음으로 기도하는데 하나님께서 이런 음성을 들려주셨습니다.

너에게 진짜 필요한 선물은 내가 다 공짜로 너에게 주었노라

정말 나에게 필요한 선물은 하나님께서 다 공짜로 주셨다는 겁니다. 그게 무엇이지? 하나님께서 내게 주신 공짜 선물이 뭐야? 내 생명, 공기, 마시는 물, 가정, 자녀, 믿음. 얼마나 소중한 것들입니까? 그런데 이런 것들을 내가 돈을 주고 산 것들이 아니더라고요. 내가 힘들게 산 물건들은 오히려 없어도 살아가는데 지장이 없지만 하나님께서 공짜로 내게 주신 이 선물들 없이는 내가 살 수 없는 정말 소중한 것들이라는 것을 깨달았습니다.

사랑하는 성도 여러분! 이것은 저에게만 해당되는 것은 아닙니다. 여러분들에게도 마찬가지입니다. 정말 우리에게 없어서는 안 될 것들은 조물주 되시는 하나님께서 공짜로 주셨습니다. 그러기 때문에 나에게 없어서는 살 수 없는 소중한 것들을 공짜로 주신 하나님께 감사하며 살아야 하는데 사람들은 공짜이기 때문에 그 고마움을 잊어버리고 사는 것 같습니다. 사람이 주는 선물에는 고마워할 줄 알면서도 거저 주시는 하나님의 선물에는 고마움도 모르고 살아가는 사람이 되면 안 됩니다.

숨을 쉴 때마다 공기를 주시는 조물주께 감사하며 사는 여러분 되시길 소원합니다. 물을 마실 때마다 마실 물을 주시는 창조주께 감사하며 사는 여러분 되시길 소원합니다. 살아 움직일 수 있을 때에 생사화복을 주관하시는 하나님께 감사하며 사는 여러분 되시길 소원합니다.

호흡을 하며 물을 마시며 음식을 먹고 살면서도 그것을 주시는 하나님을 잊고 사는 것처럼 우리가 정말 감사해야 함에도 불구하고 그 은혜를 생각지도 못하고 사는 것이 우리에게 또 있습니다. 그것이 무엇입니까? 하나님께서 나를 사랑하신다는 것입니다. 조물주 되시는 하나님께서 여러분을 사랑하십니다. 창조자 되시는 하나님께서 여러분을 사랑하십니다. 할렐루야! 생사화복을 주관하시는 하나님께서 여러분을 사랑하십니다. 할렐루야! 믿으시기 바랍니다.

어느 식당에 가서 식사를 하고 나오는데 출입문 위 벽에 명태가 걸려 있는 것을 보았습니다. 그래서 나오다가 주인에게 이것이 무엇이냐고 물었더니 그것이 우리 가게 잘 되게 액운을 막아 준다는 거예요. 여러분! 생각해 보시기 바랍니다. 마른 명태가 액운을 막아줍니까?

어느 돌집에 아기가 잡으라고 준비해놓은 물건을 보았습니다. 여러분도 보셨지요? 어떤 물건들이 있던가요? 돈, 청진기, 실, 연필, 공책. 엄마가 아이의 눈길을 모아 부모가 원하는 것을 잡게 하려고 애씁니다.

이 때 대부분의 엄마들이 아기가 잡기를 원하는 것은 청진기입니다. 그래서 엄마가 아이 앞에서 청진기를 들었다 놓았다 흔들었다를 반복합니다. 그런데 이게 웬일입니까? 아이는 실을 붙잡습니다. 그러자 엄마는 갑자기 안색이 굳어집니다. 그러자 옆에 있던 친척이 말합니다. "아이고 우리 애기 명이 길겠다" 여러분! 아이가 청진기를 잡는다고 의사가 되는 것입니까? 아이가 실을 잡았다고 건강하게 장수합니까? 현대인들이 겉으로는 문명인으로 살아가는 것 같지만 사실은 자기도 모르는 사이에 어두운 영의 종이 되어 살아갑니다. 사람은 사람답게 살아야 합니다.

1971년 7월30일은 인류 역사 중 잊을 수 없는 날입니다. 인간이 달에 착륙한 날입니다. 우주의 공간을 가로질러 달 표면을 주행하고 돌아온 아폴로 15호 우주 비행사 〈제임스 어윈〉이 말하기를

나는 우주여행을 하면서 그리고 달을 걸으면서
우주 모든 곳에 가득 찬 하나님의 임재를 체험했다

고 증언했습니다. 그리고 그가 우주선을 타고 달에서 지구로 돌아오면서 작고 아름다운 지구를 바라보며 수 없이 반복한 말이 있었습니다.

하나님이 세상을 이처럼 사랑하사 독생자를 주셨으니
이는 저를 믿는 자마다 멸망치 않고 영생을 얻게 하려 함이니라

오늘 본문 요 3:16의 말씀이지요. 여기 "하나님이 세상을 이처럼 사랑하사 독생자를 주셨으니"에서 세상이란 세계적으로는 "이 세상에 사는 사람들"을 말하고 개인적으로는 "이 세상에 살고 있는 나"를 말합니다. 그러기 때문에 이 말씀을 나에게 적용해서 읽을 때에는 '하나님이 나를 이처럼 사랑하사 독생자를 주셨으니 이는 예수님을 믿는 내가 멸망치 않고 영생을 얻게 하려 함이니라'로 읽어야 합니다. 우리 함께 그렇게 바꾸어 읽어보실까요?

하나님이 나를 이처럼 사랑하사 독생자를 주셨으니

이는 예수님을 믿는 내가 멸망치 않고 영생을 얻게 하려 함이니라

믿으시길 소원합니다. 그럼 하나님께서 나를 이처럼 사랑하사 독생자를 주셨다고 하시는데 "이처럼 사랑하사 독생자를 주셨다"는 것은 어떻게 하셨다는 것입니까? 여기서 하나님께서 나를 위해 독생자를 주셨다는 말은 내가 죄 때문에 지옥에 가서 영원한 벌을 받아야 하는데 하나님께서 나를 건져 지옥에 가지 않고 천국에 가게 하시려고 독자 아들 예수님을 내 대신 십자가에 죽도록 내어주셨다는 말입니다.

성도 여러분! 이 일이 이해되십니까? 아마 이해가 되지 않을 것입니다. 왜냐하면 우리 인간은 우리의 이해 범위 내의 일만 이해하지 우리가 이해할 수 없는 일은 이해할 수 없게 지음을 받았기 때문입니다.

사람은 너무 큰 것도 보지 못하고 너무 작은 것도 보지 못하고 적당한 크기만 보게 되어 있습니다. 너무 큰 것을 보거나 너무 작은 것까지 보면 살 수 없기 때문입니다.

여러분 이 공간 공기가 깨끗해 보이지요? 그러나 햇빛만 비추어 보아도 미세 먼지가 얼마나 많은지 모릅니다. 음식점에 가서 사먹은 음식 깨끗해 보이지요? 현미경으로 보면 세균들이 있을 것입니다. 그래도 우리는 이런 공기를 맑다고 느끼며 공기를 마시고, 세균이 있는 그런 음식을 돈 주고 사먹는 것은 우리의 한계입니다.

그뿐 아닙니다. 사람은 너무 큰 소리는 듣지 못하게 되어 있습니다. 너무 큰 소리를 들으면 고막이 터지기 때문입니다. 사람은 너무 빠른 것도 느끼지 못하게 되어 있습니다. 너무 빠른 것까지 다 느끼면 멀미가 나서 살 수 없기 때문입니다.

여러분 중에 지구가 자전하는 소리가 들리시는 분 계신가요? 지구

가 공전하는 소리는 들리세요? 우리는 지구가 매일 한 바퀴씩 돌면서 1년에 태양을 한 바퀴씩 돈다는 것은 알고 있습니다. 지구가 자전을 하고 공전을 합니다. 선풍기 날개만 돌아도 도는 소리가 나는데 지구가 매일 한 바퀴씩 도는 소리가 얼마나 크겠습니까? 그런데 지구가 도는 소리가 우리에게 들리지 않습니다.

뿐만 아니라 지구가 매일 한 바퀴씩 도는 속도가 우리나라에서 가장 빠르게 달린다는 KTX가 시속 300킬로미터인데 지구는 시속 10만 킬로미터로 달립니다. 지구가 KTX 보다 333배 빠르게 돌고 있습니다. 그런데 여러분이 그 속도를 느끼십니까? 느끼는 분이 없습니다. 들리지 않는다고 지구가 도는 소리가 없는 것입니까? 느끼지 못한다고 지구가 돌지 않고 가만히 있는 것입니까? 그것을 듣지 못하고 느끼지 못하는 것은 인간의 한계일 뿐입니다. 하나님께서 우리를 사랑하시는 그 사랑이 얼마나 큰 것인가는 우리의 감성이 느끼지 못할만큼의 사랑이기 때문입니다.

사람 중에 이런 사랑을 하는 사람도 우리가 본 적이 없고 우리도 그런 사랑을 해본 적이 없기 때문에 하나님께서 지옥에 가는 우리를 구원하시기 위해서 독자 아들을 우리 대신 죽게 하신 그 사랑을 우리가 느끼지 못하는 것입니다. 철들지 않은 자식이 부모의 마음을 알지 못하는 것처럼 믿음 없는 사람들은 하나님의 사랑을 아무리 말을 해도 알지 못하는 것입니다.

그러기 때문에 하나님께서 나를 사랑하신다는 것은 하나님께서 나를 구원해 주시기 위해 독생자를 십자가에 내주어 내 대신 죽게 하셨다는 하나님의 말씀을 믿고 예수님을 나의 주님으로 믿어야 하는 것입니다.

하나님이 나를 이처럼 사랑하사 독생자를 주셨으니
이는 예수님을 믿는 내가 멸망치 않고 영생을 얻게 하려 함이니라

하나님께서 나를 사랑하사 독자 아들 예수님을 내 대신 십자가에서 죽게 하셨고 예수님을 내가 주님으로 믿으면 지옥에 가서 멸망하지 않고 천국에 가서 영생을 누리게 됩니다.

이태리에 가면 밀라노 대성당이 있는데 문 세 개를 통과해야 합니다. 첫째 문은 아치형으로 되어 있는데 "모든 즐거움은 잠깐이다"라는 글이 써 있고, 둘째 문은 십자가형으로 되어 있는데 "모든 고통도 잠깐이다." 셋째 문에는 "오직 중요한 것은 영원한 것이다"라는 글이 새겨져 있습니다.

인생을 가장 짧게 정리한 글이라 생각합니다. 그렇습니다. 우리 인생은 이 땅의 삶이 다가 아니라 영원한 삶이 있습니다. 그리고 영원한 삶이라고 해서 다 똑같은 삶은 아니라 죽어서 영벌을 받으며 사는 지옥의 세계가 있고 죽어서 영생복락을 누리는 천국의 세계가 있습니다.

이 세상 누구든지 하나님의 사랑을 깨닫고 예수님을 주님으로 믿는 사람은 지옥에 가서 영벌 받지 않고 천국에 가서 영생복락을 누리는 복을 받게 됩니다. 예수님을 믿는다는 것은 내 마음에 영접하는 것을 말합니다. 우리 마음은 하나의 방입니다. 이 마음의 방에 무엇을 담아두느냐에 따라 삶이 달라집니다. 우리들이 살고 있는 방에 밥상을 놓으면 식당이 됩니다. 책상을 갖다 놓으면 공부방이 되지요. 방석을 깔면 응접실이 되고, 이불을 깔면 침실이 됩니다. 요강을 갖다 놓으면 화장실도 되고 담요를 깔고 화투를 치면 도박장이 됩니다.

우리 마음도 그렇습니다. 여러분의 마음의 방에 여러분이 차지하고 있으면 여러분의 인생은 여러분 이상은 되지 못합니다. 여러분의 마음

의 방에 돈만 채워져 있으면 돈의 노예가 되어 살다가 그 돈 써보지도 못하다 죽습니다. 죽으면 그만입니다. 돈이 구원해주지 못합니다. 여러분의 마음의 방에 세상 것만 채워져 있으면 세상이 망할 때 여러분도 망할 것입니다. 그러나 여러분의 마음의 방문을 열고 예수님을 여러분의 주인으로 모시면 여러분의 인생 역전은 시작될 것입니다. 요 1:12절에 이런 말씀이 있습니다.

> 예수님을 영접하는 자에게는
> 하나님의 자녀가 되는 권세가 주어지느니라

이 땅에 사는 동안 하나님의 자녀가 되어 살아가는 것은 우리가 이 세상에 살면서 어떤 위치를 차지하는 것보다 중요합니다. 하나님의 자녀가 되는 권세를 얻는 것이 세상에서 어떤 성공을 하는 것보다 귀한 일입니다. 지금이 바로 여러분이 그렇게 될 수 있는 기회입니다.

성도 여러분! 세상에는 죽을 뻔하다가 죽지 않고 산 사람이 있고 살 뻔하다가 죽은 사람도 있습니다. 14절 말씀에 모세가 광야에서 뱀을 든 것 같이 라는 말씀이 있습니다. 이스라엘 백성들이 애굽에서 나와 가나안 땅으로 이동할 때 사막에서 힘든 과정을 겪습니다.

이 때 사람들이 하나님과 지도자 모세를 원망합니다. 젖과 꿀이 흐르는 약속의 땅으로 가는 과정에 사막길의 어려움을 이겨야 하는데 그것을 참지 못하고 하나님을 원망하자 하나님께서 불뱀을 보내 그 사람들을 벌하십니다. 그리고 하나님께서 모세에게 말씀하시기를 '장대에 놋뱀을 달고 불뱀에 물린 사람마다 그것을 바라보게 하라 순종하여 바라본 사람들은 살 것이고 그래도 불순종하며 원망 불평을 계속하는 사람들은 그들의 죄로 죽을 것이다'라고 하셨습니다.

그 때 어떻게 되었습니까? 그 말을 믿고 놋뱀을 바라본 사람들은 죽을 뻔 했다가 다 살아났습니다. 그러나 끝까지 원망하고 불평하던 사람들은 살 뻔 했다가 죽고 말았습니다. 무슨 차이입니까? 기회가 왔을 때 어떻게 선택을 했느냐의 차이입니다. 누구나 원망할 수도 있고 불평할 수도 있고 죄를 지을 수도 있습니다. 그러나 기회가 왔을 때 살 뻔했다가 죽은 사람 되면 안 됩니다.

성도 여러분! 지금 이 순간이 바로 그런 기회의 순간입니다. 지금 여러분들이 여러분의 마음문을 열고 예수님을 여러분의 마음에 모심으로 오늘 이후로 여러분들이 고백하기를 우리교회에 출석했다가 죽을 뻔했던 내가 예수님을 믿어 하나님의 자녀가 되어 살게 되었다고 말할 수 있기를 주님의 이름으로 축원합니다.

그러기 위해 저는 미루지 않고 지금 바로 여러분을 주님께 초대하려고 합니다. 조용히 눈을 감으시기 바랍니다. 그리고 여러분의 가슴에 왼 손을 얹으시기 바랍니다. 그리고 예수님 내 마음문을 엽니다. 예수님 제 마음 속에 예수님을 모십니다. 이제부터 예수님께서 저의 인생을 인도해 주십시오. 그런 감동이 오시는 분들은 오른 손을 드시기 바랍니다. 제가 그분들을 위해 기도해 드리겠습니다. 살 뻔했다가 죽은 사람 되면 안 됩니다. 지금이 죽을 뻔했다가 살 수 있는 기회입니다. 손을 드세요. 제가 그분들을 위해 기도해 드리겠습니다. 그리고 따라 기도하십시다.

사랑의 하나님,
저는 오랫동안 하나님을 떠나 살았고,
하나님을 만나는 길을 모르고 살았습니다.
저는 저의 죄 때문에 심판받고 지옥 갈 수밖에 없지만

예수님께서 저의 죄를 대신 지고 십자가에
못 박혀 죽으시고 부활하심을 믿고 감사드립니다.

이제 예수님을 저의 구주로 영접하오니
제 마음에 오셔서 저의 삶의 주인이 되어 주시고
천국 갈 때까지 저를 인도하여 주세요.

저의 죄를 예수님의 십자가의 보혈로 씻어 주시니 감사합니다.
저를 구원해 주시니 감사합니다.

이제 저를 하나님 아버지의 자녀로 받아 주심을 감사하며
예수님의 말씀을 따라 살기로 약속합니다.
도와주시옵소서. 예수님 이름으로 기도 합니다. 아멘.

19 장

하나님의 자녀가 된 내가 누리는 권세

하나님이 세상을 이처럼 사랑하사 독생자를 주셨으니 이는 그를 믿는 자마다
멸망하지 않고 영생을 얻게 하려 하심이라 하나님이 그 아들을 세상에 보내신 것은
세상을 심판하려 하심이 아니요 그로 말미암아 세상이 구원을 받게 하려 하심이라
그를 믿는 자는 심판을 받지 아니하는 것이요 믿지 아니하는 자는 하나님의 독생자의
이름을 믿지 아니하므로 벌써 심판을 받은 것이니라 그 정죄는 이것이니 곧 빛이
세상에 왔으되 사람들이 자기 행위가 악하므로 빛보다 어둠을 더 사랑한 것이니라
악을 행하는 자마다 빛을 미워하여 빛으로 오지 아니하나니 이는 그 행위가 드러날까
함이요 진리를 따르는 자는 빛으로 오나니 이는 그 행위가 하나님 안에서 행한
것임을 나타내려 함이라 하시니라 (요 3:16-21)

19장 |

하나님의 자녀가 된
내가 누리는 권세

우리 주변을 보면 일회용품들이 많이 있습니다. 인간이 편리함을 추구하다 보니 사용 후에 닦거나 빨아서 다시 사용하기보다는 한 번 쓰고 버리는 물건이 많아졌습니다. 1회용 샴푸와 1회용 세제, 1회용 치약, 1회용 칫솔, 1회용 아기 기저귀, 심지어는 일회용 옷까지 생겨났습니다. 또 무엇이 있습니까? 사람에게 이 세상살이도 1회용입니다. 그래서 사람이 이 세상에 태어나서 죽을 때까지 사는 것을 일생(一生)이라고 합니다. 사람은 누구나 일생을 살아갑니다. 두 번 다시 살 수 없는 단회적인 삶을 살아간다는 말입니다.

그러기 때문에 사람은 누구나 죽을 날을 정해 놓고 살아가는 사람들입니다. 시한부 인생을 사는 사람들이라는 말입니다. 사람이 산다는 것이 무엇입니까? 1회용 삶을 사는 존재요 시한부 인생들입니다. 이런 인생을 잘 나타내는 노래가 있습니다. "윤일로"씨라고 하는 가수가 부른 노래인데요. 그 노랫말을 들어 보시기 바랍니다.

인생이란 무엇인지 청춘은 즐거워
피었다가 시들으면 다시 못 필 내 청춘

그러니 어떻게 살아야 합니까? 이어지는 가사를 보시기 바랍니다.

마시고 또 마시어 취하고 또 취해서
이 밤이 새기 전에 춤을 춥시다
부기 부기 부기우기 부기 부기 부기우기 기타부기

보통 사람들은 이렇게 살아갑니다. 지나가면 다시 못 올 기회를 먹고 마시고 남보다 품격 있게 즐기며 사는 것이 행복이라고 생각합니다. 성도 여러분! 여러분은 인생을 어떻게 살아야 한다고 생각하십니까? 사람으로 이 세상에 태어나 한 번 살다가 죽는 것이 사실입니다만 그렇다고 해서 먹고 마시고, 세상 쾌락 즐기며 사는 것이 행복하게 사는 것이 아니라는 것을 알아야 합니다. 왜냐하면 사람이 산다는 것은 이 세상의 삶만 아니라 저 세상에서의 삶도 있기 때문입니다.

사람들이 누릴 수 있는 이 세상에서의 삶은 짧습니다. 그러나 저 세상에서의 삶은 영원합니다. 저 세상에서의 영원한 삶은 이 세상에서의 짧은 삶을 어떻게 사느냐에 따라 달라집니다. 이 세상에서의 짧은 삶을 어떻게 사느냐에 따라 영원한 세상에서 영원토록 고통을 받으며 살 수도 있고 영원한 세상에서 영원토록 복락을 누리며 살 수도 있습니다.

사랑하는 성도 여러분! 어떻게 사는 것이 지혜라고 생각하십니까? 짧은 기간을 자기 멋대로 살다가 오랜 기간 고통 받으며 살아야 합니까? 아니면 짧은 기간 힘들어도 바르게 잘 살다가 오랜 기간 즐겁게 살아야 합니까?

우리 학생들이 이것을 알아야 합니다. 학생들 입장에서는 지긋지긋한 공부 언제 끝날 것인가 생각하지만 앞으로 살아갈 날에 비하면 공부하는 기간은 결코 길지 않습니다. 그러기 때문에 앞으로 살아갈 긴 날을 생각하며 공부할 수 있는 짧은 기간 아무리 힘들어도 공부를 해야 할 때에 최선을 다해야 할 줄 믿습니다. 학교 다닐 때 이것을 깨닫고 최선을 다해 공부한 학생은 공부를 마치고 그렇지 못한 학생보다 훨씬 더 만족한 삶을 살게 될 것입니다.

인생살이도 마찬가지입니다. 나의 삶은 한 번 지나가면 돌이킬 수 없는 일생이라는 것을 알고 저 세상의 영원한 삶을 복되게 살기 위해 이 세상에서의 짧은 일생을 바르게 살아가는 여러분 되시길 소원합니다.

그러면 우리가 어떻게 사는 것이 이 세상에서의 짧은 일생을 바르게 살아가는 것입니까? 나는 죄인이라는 것을 알고 인정해야 합니다. 우리가 전도를 하면서 "예수님을 믿고 죄 용서 받으세요" 하면 "내가 무슨 죄가 있다고 그런 말을 합니까? 사람들이 악해서 그렇지 나는 법 없이도 사는 사람입니다. 전도하려거든 죄인들에게나 가서 하세요"라고 말하는 사람들이 있습니다. 그런 분들이 꼭 들어야 할 말씀이 있습니다. 계 3:17 말씀을 보시기 바랍니다.

나는 부자라 부요하여 부족한 것이 없다하나
네 곤고한 것과 가련한 것과 가난한 것과

눈먼 것과 벌거벗은 것을 알지 못하는도다

무슨 말씀입니까? 사람들이 죄인임에도 불구하고 착각하고 있다는 겁니다. 사람들이 안고 있는 죄가 무엇입니까? 첫째 원죄라는 죄가 있습니다. 이 원죄라는 것은 내가 무엇을 잘못해서 지은 죄가 아니라 내가 아담의 후손으로 태어났기 때문에 인간의 시조였던 아담으로부터 이어 내려오는 죄를 말합니다. 이 죄가 할아버지 할머니에게 이어지고 이 죄가 아버지 어머니에게 이어지고 아버지 어머니에게 이어졌던 죄가 사람으로 태어난 나에게도 이어진 죄가 원죄입니다. 그래서 이런 죄를 유전죄라고 하기도 합니다. 그런 의미에서 사람으로 이 세상에 태어난 사람은 다 죄인이라는 것입니다.

그러면 내가 스스로 지은 죄는 없을까요? 마태복음 5장에 보면

여자를 보고 음욕을 품는 자마다 이미 간음한 자요,
형제를 미워하는 자마다 이미 살인한 자이니라

라고 했습니다. 세상에서는 마음으로 어떤 생각을 품었든지 그것으로 죄를 지었다고 하지 않습니다. 그런데 하나님께서는 사람이 행동을 하지 않았다 할지라도 마음속으로 음욕을 품은 사람을 음행한 죄를 범한 사람으로 보시고, 사람을 죽이지는 않았어도 미워하는 마음을 품기만 해도 살인한 죄를 지은 것으로 보신다는 것입니다.

그렇게 볼 때 나는 죄인이 아니라고 말할 사람이 누가 있겠습니까? 사람은 그래서 다 죄인인 것입니다. 뿐만 아닙니다. 사람의 행동을 달아보시는 분은 하나님이십니다. 그 사람이 의인인지 죄인인지를 판단하시는 분은 창조자시며 생사화복을 주장하시는 심판자 하나님이십

니다.

그러기 때문에 하나님의 기준에 합당하게 산 사람은 의인이라는 판정을 받게 되겠지만 자기 나름대로는 바르게 산다고 했지만 하나님께서 정해 놓으신 기준에 합당하게 살지 못한 사람은 하나님께서 죄인이라고 판단하실 것입니다.

그러기 때문에 어느 누구라도 "나 정도면 천국에 갈 거야" 그렇게 말한다고 천국에 가는 것이 아닙니다. 하나님의 기준에 맞게 살아야 하나님께서 의롭다고 하시고 하나님께 의롭다는 판정을 받는 사람들만 하나님께서 만드신 천국에 들어가게 되는 것입니다. 할렐루야!

성도 여러분! 그러면 하나님께서 정해 놓으신 구원의 기준은 무엇입니까? 그것이 바로 오전에도 말씀을 드린 요 3:16의 말씀입니다. 그 말씀을 다시 한 번 보시기 바랍니다.

> 하나님이 세상을 이처럼 사랑하사 독생자를 주셨으니
> 이는 저를 믿는 자마다 멸망치 않고 영생을 얻게 하려 함이라

이 말씀을 나에게 적용해서 다시 읽어보실까요?

> 하나님이 나를 이처럼 사랑하사 독생자를 주셨으니
> 이는 예수님을 믿는 내가 멸망치 않고 영생을 얻게 하려 함이라

바로 이것입니다. 하나님께서 나를 구원하시기 위해 예수님을 통해서 이루신 사랑을 믿는가? 그 분 예수님을 자신의 구원자로 믿고 영접 하는가? 이 기준에 맞는 사람은 과거에 어떻게 산 사람이라 할지라도 왜 그렇게 살았느냐 묻지도 않으시고 죄를 다 용서하시고 너는 의롭

다 하신 후에 하나님의 자녀로 삼아 주시는 것입니다. 여러분은 하나님께서 정하신 이 기준에 들게 하나님의 사랑을 믿고 예수님을 주님으로 믿으신 줄 믿습니다. 아직 그렇게 하지 못하신 분이 계시면 지금 당장 그렇게 하시면 됩니다. 그런 분은 저를 따라 고백하시기 바랍니다.

사랑의 하나님,
저는 오랫동안 하나님을 떠나 살았고,
하나님을 만나는 길을 모르고 살았습니다.

저는 저의 죄 때문에 심판받고 지옥 갈 수밖에 없지만
예수님께서 저의 죄를 대신 지고 십자가에
못 박혀 죽으시고 부활하심을 믿고 감사드립니다.

이제 예수님을 저의 구주로 영접하오니
제 마음에 오셔서 저의 삶의 주인이 되어 주시고
천국 갈 때까지 저를 인도하여 주세요.

저의 죄를 예수님의 십자가의 보혈로 씻어 주시니 감사합니다.
저를 구원해 주시니 감사합니다.

이제 저를 하나님 아버지의 자녀로 받아 주심을 감사하며
예수님의 말씀을 따라 살기로 약속합니다.
도와주시옵소서. 예수님 이름으로 기도 합니다. 아멘.

요한복음 3장과 4장은 구원의 문제를 우리에게 가르쳐 줍니다. 3장

에서 니고데모는 유대인의 관원이요, 선생이요, 당시에 꽤나 존경받는 인물이었습니다. 이런 니고데모가 예수님께 찾아와 "선한 선생님이여, 내가 무엇을 하여야 구원을 얻겠습니까?"라고 물었습니다. 이때 예수님께서 니고데모에게 이렇게 대답하십니다.

사람이 물과 성령으로 거듭나지 아니하면
결단코 하나님 나라를 보지 못하리라

다시 말하면 세상에서 아무리 성자라는 사람도 스스로는 구원받을 수 없다는 것입니다.

그런데 4장에 가면 전혀 다른 이야기가 나옵니다. 다섯 번 결혼하고 지금은 남편 아닌 남자와 살고 있는 무질서한 여자에게 예수님께서 구원을 선포하십니다. 우리가 생각할 때 니고데모가 구원을 받아야 하고 수가성 여인은 지옥에 가야 합니다. 그런데 정반대입니다. 왜 그렇습니까? 하나님께서 사람을 구원하시는 방법은 사람들의 생각과 다르기 때문입니다.

우리나라에 퍼져 있는 대표적인 종교로는 아마 유교, 불교, 선교일 것입니다. 그런데 이것을 한문으로 표시하면 儒敎, 佛敎, 仙敎라고 하는데 이 세가지 종교는 각각의 이름 앞에 '人' 변이 붙어 있습니다. 그것은 이런 종교들은 다 사람이 만든 종교라는 것입니다. 그러기 때문에 사람이 만든 종교는 사람이 할 수 있는 도덕적인 교훈을 줄 수 있습니다.

그러나 창조주께서 만드신 곳에는 이르게 하지 못합니다. 다시 말하면 사람이 만든 종교로는 영원한 생명을 얻게 할 수 없다는 말입니다. 오직 창조주 하나님께서 정하신 기준에 맞는 사람만 하나님께서 만드신 천국에 들어갈 수 있습니다.

　그러면 어떤 사람들이 구원을 받아 천국에 들어가게 됩니까? 돈 많은 사람들이 돈으로 들어갑니까? 많이 배운 사람들이 지식으로 그곳에 들어갑니까? 아닙니다. 롬 10:13에 이런 말씀이 있습니다.

　누구든지 주의 이름을 부르는 자는 구원을 받으리라

　여기서 중요한 말씀은 "누구든지"라는 말씀입니다. 돈이 있는 사람이든지 없는 사람이든지, 많이 배운 사람이든지 그렇지 못한 사람이든지, 흑인이든지 백인이든지 황인이든지, 누구든지 예수님을 주님으로 믿는 자들은 구원을 얻게 하십니다. 이런 하나님의 차별 없는 사랑 때문에 우리가 예수님을 믿게 되었고 구원을 받게 된 줄 믿습니다. 우리를 구원해 주신 하나님께 박수로 감사드립시다. 이런 구원을 받은 우리가 누리는 복이 무엇입니까?

　영접하는 자 곧 그 이름을 믿는 자들에게는
　하나님의 자녀가 되는 권세를 주셨으니(요 1:12)

　어떤 권세입니까?

　구하라 그리하면 너희에게 주실 것이요
　찾으라 그리하면 찾아낼 것이요
　문을 두드리라 그리하면 너희에게 열릴 것이니
　구하는 이마다 받을 것이요 찾는 이는 찾아낼 것이요
　두드리는 이에게는 열릴 것이니라

너희 중에 누가 아들이 떡을 달라 하는데 돌을 주며

생선을 달라 하는데 뱀을 줄 사람이 있겠느냐

너희가 악한 자라도 좋은 것으로 자식에게 줄 줄 알거든

하물며 하늘에 계신 너희 아버지께서

구하는 자에게 좋은 것으로 주시지 않겠느냐(마 7:7-11)

믿음으로 구원 받아서 하나님의 자녀 된 사람에게 구하면 받는 권세가 있습니다. 믿음으로 기도하다가 하나님께 응답받아 살아 가는 여러분 되시길 소원합니다.

참새 두 마리가 한 앗사리온에 팔리지 않느냐

그러나 너희 아버지께서 허락하지 아니하시면

그 하나도 땅에 떨어지지 아니하리라

너희에게는 머리털까지 다 세신 바 되었나니

두려워하지 말라 너희는 많은 참새보다 귀하니라(마 10:29-31)

이 세상에서 하나님 한 분 외에는 아무것도 두려워하지 마시기 바랍니다. 우리가 죽고 사는 것은 아버지 손에 있기 때문입니다. 참새 한 마리 떨어지는 것도 하나님이 허락하지 않으시면 안 됩니다. 절대주권이 하나님 아버지에게 있습니다. 하나님의 때가 되면 거두어 가시지만 아직 우리가 할 일이 있고 사명이 남아 있다면 아무리 죽음의 자리에 가도 살 줄 믿습니다. 아무리 위험한 처지에 있어도 괜찮습니다. 담대하게 하나님의 자녀의 권세로 살아가시길 소원합니다.

또 이르시되 너희는 온 천하에 다니며 만민에게 복음을 전파하라

믿고 세례를 받는 사람은 구원을 얻을 것이요

믿지 않는 사람은 정죄를 받으리라

믿는 자들에게는 이런 표적이 따르리니

곧 그들이 내 이름으로 귀신을 쫓아내며 새 방언을 말하며

뱀을 집어 올리며 무슨 독을 마실지라도 해를 받지 아니하며

병든 사람에게 손을 얹은즉 나으리라 하시더라(막 16:15-18)

하나님께서 자녀들에게 주신 권세는 이처럼 대단합니다. 나는 부족해도 하나님의 자녀된 권세로 마귀를 대적하면 마귀가 도망갑니다. 질병이 떠나갑니다. 된다는 말씀을 믿고 그대로 해보십시오. 성령께서 역사하셔서 죄를 이기고 귀신을 이기고 질병을 이기며 승리하며 살 수 있는 역사가 일어날 것입니다. 그래서 예수님을 믿는 사람들은 마귀도 벌벌 떨고 세상이 감당하지 못하는 대단한 사람들인 것입니다. 이런 권세와 이런 복을 누리며 사는 여러분 되시길 주님의 이름으로 축원합니다.